一口氣背 7000 字 ①

1.

abandon⁴	(ə'bændən)	v.	拋棄
abbreviate⁶	(ə'brivɪ,et)	v.	縮寫
abbreviation⁶	(ə,brivɪ'eʃən)	n.	縮寫

aboriginal⁶　(,æbə'rɪdʒən...)
aborigine⁶
abortion

abound
abunda
abundar

2.

‡absent²	('æbsn̩t)	adj.	缺席的
absence²	('æbsn̩s)	n.	缺席
‡absentminded⁶	('æbsn̩t'maɪndɪd)	adj.	心不在焉的
‡absorb⁴	(əb'sɔrb)	v.	吸收
absurd⁵	(əb's3d)	adj.	荒謬的
‡absolute⁴	('æbsə,lut)	adj.	絕對的
‡abstract⁴	('æbstrækt)	adj.	抽象的
abstraction⁶	(æb'strækʃən)	n.	抽象
abuse⁶	(ə'bjuz)	v.	濫用

3.

‡**accept**[2]	〔 ək'sɛpt 〕	v.	接受
‡**acceptable**[3]	〔 ək'sɛptəbḷ 〕	adj.	可接受的
‡**acceptance**[4]	〔 ək'sɛptəns 〕	n.	接受
‡**access**[4]	〔 'æksɛs 〕	n.	接近或使用權
accessible[6]	〔 æk'sɛsəbḷ 〕	adj.	容易接近的
accessory[6]	〔 æk'sɛsərɪ 〕	n.	配件
accelerate[6]	〔 æk'sɛlə,ret 〕	v.	加速
acceleration[6]	〔 æk,sɛlə'reʃən 〕	n.	加速
‡**accent**[4]	〔 'æksɛnt 〕	n.	口音

4.

•**academy**[5]	〔 ə'kædəmɪ 〕	n.	學院
•**academic**[4]	〔 ,ækə'dɛmɪk 〕	adj.	學術的
‡**accident**[3]	〔 'æksədənt 〕	n.	意外
•**accidental**[4]	〔 ,æksə'dɛntḷ 〕	adj.	意外的
accommodate[6]	〔 ə'kamə,det 〕	v.	容納
accommodations[6]	〔 ə,kamə'deʃənz 〕	n.pl.	住宿設備
accompany[4]	〔 ə'kʌmpənɪ 〕	v.	陪伴
•**accomplish**[4]	〔 ə'kamplɪʃ 〕	v.	完成
•**accomplishment**[4]	〔 ə'kamplɪʃmənt 〕	n.	成就

5.

accord 6	(ə'kɔrd)	v. 一致
accordance 6	(ə'kɔrdns)	n. 一致
accordingly 6	(ə'kɔrdɪŋlɪ)	adv. 因此
accaunt 3	(ə'kaunt)	n. 帳戶
accountable 6	(ə'kauntəbḷ)	adj. 應負責的
accountant 4	(ə'kauntənt)	n. 會計師
accounting 6	(ə'kauntɪŋ)	n. 會計
accurate 3	('ækjərɪt)	adj. 準確的
accuracy 4	('ækjərəsɪ)	n. 準確

6.

accuse 4	(ə'kjuz)	v. 控告
accusation 6	(,ækjə'zeʃən)	n. 控告
accustom 5	(ə'kʌstəm)	v. 使習慣於
accumulate 6	(ə'kjumjə,let)	v. 累積
accumulation 6	(ə,kjumjə'leʃən)	n. 累積
achieve 3	(ə'tʃiv)	v. 達到
achievement 3	(ə'tʃivmənt)	n. 成就
acknowledge 5	(ək'nɑlɪdʒ)	v. 承認
acknowledgement 5	(ək'nɑlɪdʒmənt)	n. 承認

7.

‡**act** [1]	〔 ækt 〕	*n.* 行爲
‡**action** [1]	〔 'ækʃən 〕	*n.* 行動
‡**active** [2]	〔 'æktɪv 〕	*adj.* 活躍的
actor [1]	〔 'æktə 〕	*n.* 演員
‡**actress** [1]	〔 'æktrɪs 〕	*n.* 女演員
***actual** [3]	〔 'æktʃuəl 〕	*adj.* 實際的
activist [6]	〔 'æktɪvɪst 〕	*n.* 激進主義份子
‡**activity** [3]	〔 æk'tɪvətɪ 〕	*n.* 活動
acute [6]	〔 ə'kjut 〕	*adj.* 急性的

8.

ad [3]	〔 æd 〕	*n.* 廣告
***adapt** [4]	〔 ə'dæpt 〕	*v.* 適應
adaptation [6]	〔 ‚ædəp'teʃən 〕	*n.* 適應
‡**add** [1]	〔 æd 〕	*v.* 增加
addict [5]	〔 ə'dɪkt 〕	*v.* 使上癮
addiction [6]	〔 ə'dɪkʃən 〕	*n.* (毒)癮
***addition** [2]	〔 ə'dɪʃən 〕	*n.* 增加
***additional** [3]	〔 ə'dɪʃənḷ 〕	*adj.* 附加的
‡**address** [1]	〔 ə'drɛs 〕	*n.* 地址

9.

‡**admire** ³	(əd'maɪr)	v. 欽佩
***admirable** ⁴	('ædmərəbl)	adj. 值得讚賞的
***admiration** ⁴	(,ædmə'reʃən)	n. 欽佩
***admit** ³	(əd'mɪt)	v. 承認
***admission** ⁴	(əd'mɪʃən)	n. 入學許可
administer ⁶	(əd'mɪnəstə)	v. 管理
administration ⁶	(əd,mɪnə'streʃən)	n. 管理
administrative ⁶	(əd'mɪnə,stretɪv)	adj. 管理的
administrator ⁶	(əd'mɪnə,stretə)	n. 管理者

10.

***adjust** ⁴	(ə'dʒʌst)	v. 調整
***adjustment** ⁴	(ə'dʒʌstmənt)	n. 調整
***adjective** ⁴	('ædʒɪktɪv)	n. 形容詞
***adverb** ⁴	('ædvɜb)	n. 副詞
***adopt** ³	(ə'dɑpt)	v. 採用
adore ⁵	(ə'dor)	v. 非常喜愛
adolescent ⁵	(,ædl̩'ɛsn̩t)	n. 青少年
adolescence ⁵	(,ædl̩'ɛsn̩s)	n. 青春期
***adequate** ⁴	('ædəkwɪt)	adj. 足夠的

11.

*advance [2]	(əd'væns)	v. 前進
advanced [3]	(əd'vænst)	adj. 先進的
*advantage [3]	(əd'væntɪdʒ)	n. 優點

‡advice [3]	(əd'vaɪs)	n. 勸告
‡advise [3]	(əd'vaɪz)	v. 勸告
adviser [3]	(əd'vaɪzə)	n. 導師

*advertise [3]	('ædvə,taɪz)	v. 登廣告
*advertiser [5]	('ædvə,taɪzə)	n. 刊登廣告者
‡advertisement [3]	(,ædvə'taɪzmənt)	n. 廣告

12.

‡affect [3]	(ə'fɛkt)	v. 影響
affection [5]	(ə'fɛkʃən)	n. 感情
affectionate [6]	(ə'fɛkʃənɪt)	adj. 摯愛的

*afford [3]	(ə'ford)	v. 負擔得起
*affair [2]	(ə'fɛr)	n. 事情
affirm [6]	(ə'fɜm)	v. 斷定

‡culture [2]	('kʌltʃə)	n. 文化
*agriculture [3]	('ægrɪ,kʌltʃə)	n. 農業
agricultural [5]	(,ægrɪ'kʌltʃərəl)	adj. 農業的

13.

‡age ¹	〔 edʒ 〕	n. 年紀
·agent ⁴	〔'edʒənt 〕	n. 代理人
·agency ⁴	〔'edʒənsɪ 〕	n. 代辦處
agenda ⁵	〔 ə'dʒɛndə 〕	n. 議程
·aggressive ⁴	〔 ə'grɛsɪv 〕	adj. 有攻擊性的
aggression ⁶	〔 ə'grɛʃən 〕	n. 侵略
‡agree ¹	〔 ə'gri 〕	v. 同意
agreeable ⁴	〔 ə'griəbḷ 〕	adj. 令人愉快的
·agreement ¹	〔 ə'grimənt 〕	n. 協議

14.

‡air ¹	〔 ɛr 〕	n. 空氣
‡air conditioner ³	〔'ɛrkən'dɪʃənə 〕	n. 冷氣機
·aircraft ²	〔'ɛr‚kræft 〕	n. 飛機
‡airplane ¹	〔'ɛr‚plen 〕	n. 飛機
‡airlines ²	〔'ɛr‚laɪnz 〕	n. 航空公司
airways ⁵	〔'ɛr‚wez 〕	n. 航空公司
‡airport ¹	〔'ɛr‚port 〕	n. 機場
·airmail ¹	〔'ɛr‚mel 〕	n. 航空郵件
airtight ⁵	〔'ɛr'taɪt 〕	adj. 不透氣的

15.

‡alike ²	〔 ə'laɪk 〕	adj. 相像的
‡alive ²	〔 ə'laɪv 〕	adj. 活的
•alert ⁴	〔 ə'lɝt 〕	adj. 機警的
‡album ²	〔 'ælbəm 〕	n. 專輯
•alcohol ⁴	〔 'ælkə,hɔl 〕	n. 酒
alcoholic ⁶	〔 ,ælkə'hɔlɪk 〕	adj. 含酒精的
alien ⁵	〔 'elɪən 〕	n. 外星人
alienate ⁶	〔 'eljən,et 〕	v. 使疏遠
algebra ⁵	〔 'ældʒəbrə 〕	n. 代數

16.

ally ⁵	〔 ə'laɪ 〕	v. 結盟
alliance ⁶	〔 ə'laɪəns 〕	n. 結盟
allocate ⁶	〔 'ælə,ket 〕	v. 分配
allergy ⁵	〔 'ælə·dʒɪ 〕	n. 過敏症
allergic ⁵	〔 ə'lɝdʒɪk 〕	adj. 過敏的
alligator ⁵	〔 'ælə,getə· 〕	n. 短吻鱷
‡allow ¹	〔 ə'lau 〕	v. 允許
•allowance ⁴	〔 ə'lauəns 〕	n. 零用錢
•alley ³	〔 'ælɪ 〕	n. 巷子

17.

**along [1]	(ə'lɔŋ)	*prep.*	沿著
alongside [6]	(ə'lɔŋ'saɪd)	*prep.*	在…旁邊
*aloud [2]	(ə'laʊd)	*adv.*	出聲地
alter [5]	('ɔltɚ)	*v.*	改變
alternate [5]	('ɔltɚ,net)	*v.*	使輪流
alternative [6]	(ɔl'tɝnətɪv)	*n.*	其他選擇
altitude [5]	('æltə,tjud)	*n.*	高度
*altogether [2]	(,ɔltə'gɛðɚ)	*adv.*	總共
*aluminum [4]	(ə'lumɪnəm)	*n.*	鋁

18.

*amaze [3]	(ə'mez)	*v.*	使驚訝
*amazement [3]	(ə'mezmənt)	*n.*	驚訝
*amateur [4]	('æmə,tʃʊr)	*adj.*	業餘的
*ambassador [3]	(æm'bæsədɚ)	*n.*	大使
ambiguous [6]	(æm'bɪgjʊəs)	*adj.*	模稜兩可的
ambiguity [6]	(,æmbɪ'gjuətɪ)	*n.*	含糊
*ambition [3]	(æm'bɪʃən)	*n.*	抱負
*ambitious [4]	(æm'bɪʃəs)	*adj.*	有抱負的
**ambulance [6]	('æmbjələns)	*n.*	救護車

19.

‡**angry** [1]	〔ˈæŋgrɪ〕	*adj.*	生氣的
***anger** [1]	〔ˈæŋgə〕	*n.*	憤怒
***angle** [3]	〔ˈæŋgḷ〕	*n.*	角度
***angel** [3]	〔ˈendʒəl〕	*n.*	天使
‡**animal** [1]	〔ˈænəmḷ〕	*n.*	動物
animate [6]	〔ˈænəˌmet〕	*v.*	使有活力
***ankle** [2]	〔ˈæŋkḷ〕	*n.*	腳踝
anchor [5]	〔ˈæŋkə〕	*n.*	錨
anecdote [6]	〔ˈænɪkˌdot〕	*n.*	軼事

20.

***analyze** [4]	〔ˈænḷˌaɪz〕	*v.*	分析
analyst [6]	〔ˈænḷɪst〕	*n.*	分析者
***analysis** [4]	〔əˈnæləsɪs〕	*n.*	分析
***ancestor** [4]	〔ˈænsɛstə〕	*n.*	祖先
***ancient** [2]	〔ˈenʃənt〕	*adj.*	古代的
analects [6]	〔ˈænəˌlɛkts〕	*n. pl.*	文選
***announce** [3]	〔əˈnaʊns〕	*v.*	宣佈
***announcement** [3]	〔əˈnaʊnsmənt〕	*n.*	宣佈
***anniversary** [4]	〔ˌænəˈvɝsərɪ〕	*n.*	週年紀念

21.

·annoy ⁴	〔 ə'nɔɪ 〕	v. 使心煩
annoyance ⁶	〔 ə'nɔɪəns 〕	n. 討厭的人或物
·annual ⁴	〔 'ænjuəl 〕	adj. 一年一度的

‡ant ¹	〔 ænt 〕	n. 螞蟻
antenna ⁶	〔 æn'tɛnə 〕	n. 觸角
antarctic ⁶	〔 æn'ɑrktɪk 〕	adj. 南極的

anticipate ⁶	〔 æn'tɪsə,pet 〕	v. 預期
anticipation ⁶	〔 æn,tɪsə'peʃən 〕	n. 期待
antique ⁵	〔 æn'tik 〕	n. 古董

22.

antibody ⁶	〔 'æntɪ,bɑdɪ 〕	n. 抗體
antibiotic ⁶	〔 ,æntɪbaɪ'ɑtɪk 〕	n. 抗生素
antonym ⁶	〔 'æntə,nɪm 〕	n. 反義字

anthem ⁵	〔 'ænθəm 〕	n. 頌歌
·anxious ⁴	〔 'æŋkʃəs 〕	adj. 焦慮的
·anxiety ⁴	〔 æŋ'zaɪətɪ 〕	n. 焦慮

·apart ³	〔 ə'part 〕	adv. 分開地
‡apartment ²	〔 ə'partmənt 〕	n. 公寓
·ape ¹	〔 ep 〕	n. 猿

23.

appeal ³	〔əˈpil〕	v.	吸引
**appear* ¹	〔əˈpɪr〕	v.	出現
appearance ²	〔əˈpɪrəns〕	n.	外表
apply ²	〔əˈplaɪ〕	v.	申請
appliance ⁴	〔əˈplaɪəns〕	n.	家電用品
application ⁴	〔͵æpləˈkeʃən〕	n.	申請
applicable ⁶	〔ˈæplɪkəbļ〕	adj.	適用的
applicant ⁴	〔ˈæpləkənt〕	n.	申請人
**apple* ¹	〔ˈæpļ〕	n.	蘋果

24.

appoint ⁴	〔əˈpɔɪnt〕	v.	指派
appointment ⁴	〔əˈpɔɪntmənt〕	n.	約會
appropriate ⁴	〔əˈproprɪɪt〕	adj.	適當的
appreciate ³	〔əˈpriʃɪ͵et〕	v.	欣賞
appreciation ⁴	〔ə͵priʃɪˈeʃən〕	n.	感激
apprentice ⁶	〔əˈprɛntɪs〕	n.	學徒
approve ³	〔əˈpruv〕	v.	贊成
approval ⁴	〔əˈpruvļ〕	n.	贊成
approach ³	〔əˈprotʃ〕	v.	接近

25.

apologize [4] 〔ə'pɑlə,dʒaɪz〕 v. 道歉
apology [4] 〔ə'pɑlədʒɪ〕 n. 道歉
apparent [3] 〔ə'pærənt〕 adj. 明顯的

applaud [5] 〔ə'plɔd〕 v. 鼓掌
applause [5] 〔ə'plɔz〕 n. 鼓掌
appetite [2] 〔'æpə,taɪt〕 n. 食慾

April [1] 〔'eprəl〕 n. 四月
apron [2] 〔'eprən〕 n. 圍裙
aptitude [6] 〔'æptə,tjud〕 n. 性向

26.

arch [4] 〔ɑrtʃ〕 n. 拱門
architect [5] 〔'ɑrkə,tɛkt〕 n. 建築師
architecture [5] 〔'ɑrkə,tɛktʃɚ〕 n. 建築

are [1] 〔ɑr〕 v. 第二人稱及複數 be
area [1] 〔'ɛrɪə〕 n. 地區
arena [5] 〔ə'rinə〕 n. 競技場

argue [2] 〔'ɑrgju〕 v. 爭論
argument [2] 〔'ɑrgjəmənt〕 n. 爭論
arithmetic [3] 〔ə'rɪθmə,tɪk〕 n. 算術

27.

‡**arm** [1,2]	〔 ɑrm 〕	n. 手臂
‡**army** [1]	〔'ɑrmɪ 〕	n. 軍隊
armour [5]	〔'ɑrmə 〕	n. 盔甲
‡**arrange** [2]	〔ə'rendʒ 〕	v. 安排
‡**arrangement** [2]	〔ə'rendʒmənt 〕	n. 安排
‡**arrest** [2]	〔ə'rɛst 〕	v. 逮捕
‡**arrive** [2]	〔ə'raɪv 〕	v. 到達
‡**arrival** [3]	〔ə'raɪvl̩ 〕	n. 到達
arrogant [6]	〔'ærəgənt 〕	adj. 自大的

28.

‡**art** [1]	〔 ɑrt 〕	n. 藝術
‡**artist** [2]	〔'ɑrtɪst 〕	n. 藝術家
‡**artistic** [4]	〔ɑr'tɪstɪk 〕	adj. 藝術的
artery [6]	〔'ɑrtərɪ 〕	n. 動脈
‡**article** [2,4]	〔'ɑrtɪkl̩ 〕	n. 文章
articulate [6]	〔ɑr'tɪkjəlɪt 〕	adj. 口齒清晰的
‡**artificial** [4]	〔ˌɑrtə'fɪʃəl 〕	adj. 人造的
artifact [6]	〔'ɑrtɪˌfækt 〕	n. 文化遺物
‡**arrow** [2]	〔'æro 〕	n. 箭

29.

ass [5]	〔æs〕	n. 屁股
*assemble [4]	〔ə'sɛmbl̩〕	v. 集合
*assembly [4]	〔ə'sɛmblɪ〕	n. 集會
assess [6]	〔ə'sɛs〕	v. 評估
assessment [6]	〔ə'sɛsmənt〕	n. 評估
asset [5]	〔'æsɛt〕	n. 資產
assert [6]	〔ə'sɜt〕	v. 主張
assault [5]	〔ə'sɔlt〕	v. n. 襲擊
assassinate [6]	〔ə'sæsn̩‚et〕	v. 暗殺

30.

*assign [4]	〔ə'saɪn〕	v. 指派
*assignment [4]	〔ə'saɪnmənt〕	n. 作業
*associate [4]	〔ə'soʃɪ‚et〕	v. 聯想
*association [4]	〔ə‚soʃɪ'eʃən〕	n. 協會
*assure [4]	〔ə'ʃʊr〕	v. 向～保證
*assurance [4]	〔ə'ʃʊrəns〕	n. 保證
‡assume [4]	〔ə's(j)um〕	v. 假定
assumption [6]	〔ə'sʌmpʃən〕	n. 假定
asthma [6]	〔'æzmə〕	n. 氣喘

31.

*athlete ³	(ˈæθlɪt)	*n.* 運動員
*athletic ⁴	(æθˈlɛtɪk)	*adj.* 運動員般的
*ATM ⁴		*n.* 自動提款機

*attach ⁴	(əˈtætʃ)	*v.* 附上
*attachment ⁴	(əˈtætʃmənt)	*n.* 附屬品
*attack ²	(əˈtæk)	*n. v.* 攻擊

attain ⁶	(əˈten)	*v.* 達到
attainment ⁶	(əˈtenmənt)	*n.* 達成
*attempt ³	(əˈtɛmpt)	*n.* 企圖

32.

*attend ²	(əˈtɛnd)	*v.* 參加
attendance ⁵	(əˈtɛndəns)	*n.* 參加人數
attendant ⁶	(əˈtɛndənt)	*n.* 服務員

*attention ²	(əˈtɛnʃən)	*n.* 注意力
attic ⁶	(ˈætɪk)	*n.* 閣樓
*attitude ³	(ˈætə,tjud)	*n.* 態度

*attract ³	(əˈtrækt)	*v.* 吸引
*attraction ⁴	(əˈtrækʃən)	*n.* 吸引力
*attractive ³	(əˈtræktɪv)	*adj.* 吸引人的

33.

*audience ³	(ˈɔdɪəns)	*n.* 觀眾
*audio ⁴	(ˈɔdɪ,o)	*adj.* 聽覺的
auditorium ⁵	(ˌɔdəˈtorɪəm)	*n.* 大禮堂
*author ³	(ˈɔθɚ)	*n.* 作者
authorize ⁶	(ˈɔθə,raɪz)	*v.* 授權
*authority ⁴	(əˈθɔrətɪ)	*n.* 權威
authentic ⁶	(ɔˈθɛntɪk)	*adj.* 真正的
auction ⁶	(ˈɔkʃən)	*n.* 拍賣
‡August ¹	(ˈɔgəst)	*n.* 八月

34.

*auto ³	(ˈɔto)	*n.* 汽車
*automobile ³	(ˈɔtəmə,bil)	*n.* 汽車
*automatic ³	(ˌɔtəˈmætɪk)	*adj.* 自動的
autograph ⁶	(ˈɔtə,græf)	*n.* 親筆簽名
*autobiography ⁴	(ˌɔtəbaɪˈɑgrəfɪ)	*n.* 自傳
autonomy ⁶	(ɔˈtɑnəmɪ)	*n.* 自治
‡aunt ¹	(ænt)	*n.* 阿姨
‡‡autumn ¹	(ˈɔtəm)	*n.* 秋天
*auxiliary ⁵	(ɔgˈzɪljərɪ)	*adj.* 輔助的

35.

awake ³	(ə'wek)	v.	醒來
awaken ³	(ə'wekən)	v.	喚醒
await ⁴	(ə'wet)	v.	等待
award ³	(ə'wɔrd)	v.	頒發 n. 獎
aware ³	(ə'wɛr)	adj.	知道的
awhile ⁵	(ə'hwaɪl)	adv.	片刻
awe ⁵	(ɔ)	n.	敬畏
awesome ⁶	('ɔsəm)	adj.	令人畏懼的
awful ³	('ɔfḷ)	adj.	可怕的

36.

‡*baby* ¹	('bebɪ)	n.	嬰兒
‡*baby-sitter* ²	('bebɪˌsɪtə)	n.	臨時褓姆
bachelor ⁵	('bætʃələ)	n.	單身漢
‡*back* ¹	(bæk)	n.	背面
backbone ⁵	('bækˌbon)	n.	脊椎
background ³	('bækˌgraʊnd)	n.	背景
backpack ⁴	('bækˌpæk)	n.	背包
bacon ³	('bekən)	n.	培根
bacteria ³	(bæk'tɪrɪə)	n. pl.	細菌

一口氣背 7000 字 ②

1.

‡bad [1]	(bæd)	*adj.* 不好的
badge [5]	(bædʒ)	*n.* 徽章
‡badminton [2]	('bædmɪntən)	*n.* 羽毛球
‡bake [2]	(bek)	*v.* 烘烤
‡bakery [2]	('bekərɪ)	*n.* 麵包店
•bait [3]	(bet)	*n.* 餌
•balance [3]	('bæləns)	*n.* 平衡
‡balcony [2]	('bælkənɪ)	*n.* 陽台
•bald [4]	(bɔld)	*adj.* 禿頭的

2.

‡ball [1]	(bɔl)	*n.* 球
ballot [5]	('bælət)	*n.* 選票
•ballet [4]	(bæ'le)	*n.* 芭蕾舞
‡balloon [1]	(bə'lun)	*n.* 氣球
•bamboo [2]	(bæm'bu)	*n.* 竹子
ban [5]	(bæn)	*v.* 禁止
‡band [1]	(bænd)	*n.* 樂隊
bandit [5]	('bændɪt)	*n.* 強盜
•bandage [3]	('bændɪdʒ)	*n.* 繃帶

3.

‡**bank**¹	〔bæŋk〕	n.	銀行
•**banker**²	〔'bæŋkɚ〕	n.	銀行家
•**bankrupt**⁴	〔'bæŋkrʌpt〕	adj.	破產的
banner⁵	〔'bænɚ〕	n.	旗幟
banquet⁵	〔'bæŋkwɪt〕	n.	宴會
•**bar**¹	〔bɑr〕	n.	酒吧
‡**barber**¹	〔'bɑrbɚ〕	n.	理髮師
barbershop⁵	〔'bɑrbɚ,ʃɑp〕	n.	理髮店
barbarian⁵	〔bɑr'bɛrɪən〕	n.	野蠻人

4.

•**bare**³	〔bɛr〕	adj.	赤裸的
barefoot⁵	〔'bɛr,fʊt〕	adj.	光著腳的
•**barely**³	〔'bɛrlɪ〕	adv.	幾乎不
‡**bark**²	〔bɑrk〕	v.	吠叫
•**bargain**⁴	〔'bɑrgɪn〕	v.	討價還價
•**barn**³	〔bɑrn〕	n.	穀倉
•**barrel**³	〔'bærəl〕	n.	一桶
•**barren**⁵	〔'bærən〕	adj.	貧瘠的
barrier⁴	〔'bærɪɚ〕	n.	障礙

5.

‡base¹	(bes)	*n.* 基地
*baseball¹	('bes‚bɔl)	*n.* 棒球
‡basement²	('besmənt)	*n.* 地下室
*basis²	('besɪs)	*n.* 基礎
‡basic¹	('besɪk)	*adj.* 基本的
*basin⁴	('besṇ)	*n.* 臉盆
‡basket¹	('bæskɪt)	*n.* 籃子
‡basketball¹	('bæskɪt‚bɔl)	*n.* 籃球
bass⁵	(bes)	*adj.* 低音的

6.

*bat¹	(bæt)	*n.* 球棒
‡bath¹	(bæθ)	*n.* 洗澡
‡bathroom¹	('bæθ‚rum)	*n.* 浴室
batter⁵	('bætɚ)	*v.* 重擊
*battery⁴	('bætərɪ)	*n.* 電池
*battle²	('bætḷ)	*n.* 戰役
batch⁵	(bætʃ)	*n.* 一批
*bay³	(be)	*n.* 海灣
bazaar⁵	(bə'zɑr)	*n.* 市集

7.

‡beach [1]	〔 bitʃ 〕	n.	海灘
•bead [2]	〔 bid 〕	n.	有孔的小珠
•beak [4]	〔 bik 〕	n.	鳥嘴
‡bean [2]	〔 bin 〕	n.	豆子
•beam [3,4]	〔 bim 〕	n.	光線
‡beat [1]	〔 bit 〕	v.	打
•beast [3]	〔 bist 〕	n.	野獸
‡bear [2,1]	〔 bɛr 〕	v.	忍受
‡beard [2]	〔 bɪrd 〕	n.	鬍子

8.

‡‡beautiful [1]	〔 ˈbjutəfəl 〕	adj.	美麗的
beautify [5]	〔 ˈbjutəˌfaɪ 〕	v.	美化
‡beauty [1]	〔 ˈbjutɪ 〕	n.	美
‡‡bee [1]	〔 bi 〕	n.	蜜蜂
‡‡beef [2]	〔 bif 〕	n.	牛肉
beep [2]	〔 bip 〕	n.	嗶嗶聲
‡beer [2]	〔 bɪr 〕	n.	啤酒
•beetle [2]	〔 ˈbitḷ 〕	n.	甲蟲
beckon [6]	〔 ˈbɛkən 〕	v.	向…招手

9.

‡**before** [1]	(bɪ'fɔr)	*prep.*	在…之前
beforehand [5]	(bɪ'fɔr,hænd)	*adv.*	事先

•**beg** [2]	(bɛg)	*v.*	乞求
•**beggar** [3]	('bɛgə)	*n.*	乞丐

‡**begin** [1]	(bɪ'gɪn)	*v.*	開始
‡‡**beginner** [2]	(bɪ'gɪnə)	*n.*	初學者

behalf [5]	(bɪ'hæf)	*n.*	方面
‡**behave** [3]	(bɪ'hev)	*v.*	行為舉止
•**behavior** [4]	(bɪ'hevjə)	*n.*	行為

10.

‡**believe** [1]	(bɪ'liv)	*v.*	相信
•**believable** [2]	(bɪ'livəbl)	*adj.*	可信的
•**belief** [2]	(bɪ'lif)	*n.*	相信

‡**bell** [1]	(bɛl)	*n.*	鐘
•**belly** [3]	('bɛlɪ)	*n.*	肚子
‡**belt** [2]	(bɛlt)	*n.*	皮帶

‡‡**belong** [1]	(bə'lɔŋ)	*v.*	屬於
belongings [5]	(bə'lɔŋɪŋz)	*n.pl.*	個人隨身物品
beloved [5]	(bɪ'lʌvɪd)	*adj.*	親愛的

11.

*bend ²	(bɛnd)	*v.*	彎曲
‡bench ²	(bɛntʃ)	*n.*	長椅
*beneath ³	(bɪ'niθ)	*prep.*	在…之下

*benefit ³	('bɛnəfɪt)	*n.*	利益
beneficial ⁵	(,bɛnə'fɪʃəl)	*adj.*	有益的
*berry ³	('bɛrɪ)	*n.*	漿果

*bet ²	(bɛt)	*v.*	打賭
betray ⁶	(bɪ'tre)	*v.*	出賣
besiege ⁶	(bɪ'sidʒ)	*v.*	圍攻

12.

‡‡bicycle ¹	('baɪsɪkl̩)	*n.*	腳踏車
*Bible ³	('baɪbl̩)	*n.*	聖經
*bias ⁶	('baɪəs)	*n.*	偏見

bid ⁵	(bɪd)	*v.*	出 (價)
‡bill ²	(bɪl)	*n.*	帳單
*billion ³	('bɪljən)	*n.*	十億

*bind ²	(baɪnd)	*v.*	綁
*bingo ³	('bɪŋgo)	*n.*	賓果遊戲
binoculars ⁶	(baɪ'nɑkjələ-z)	*n.pl.*	雙筒望遠鏡

13.

‡**biology** 4	(baɪˈɑlədʒɪ)	n.	生物學
biological 6	(ˌbaɪəˈlɑdʒɪkl)	adj.	生物學的
˙**biography** 4	(baɪˈɑgrəfɪ)	n.	傳記

˙**bit** 1	(bɪt)	n.	一點點
‡**bitter** 2	(ˈbɪtɚ)	adj.	苦的
bizarre 6	(bɪˈzɑr)	adj.	奇怪的

‡‡**black** 1	(blæk)	adj.	黑的
‡‡**blackboard** 2	(ˈblækˌbord)	n.	黑板
blacksmith 5	(ˈblækˌsmɪθ)	n.	鐵匠

14.

‡**blank** 2	(blæŋk)	adj.	空白的
‡**blanket** 3	(ˈblæŋkɪt)	n.	毯子
blast 5	(blæst)	n.	爆炸

‡**blame** 3	(blem)	v.	責備
blaze 5	(blez)	n.	火焰
blade 4	(bled)	n.	刀鋒

˙**blink** 4	(blɪŋk)	v.	眨眼
blister 4	(ˈblɪstɚ)	n.	水泡
blizzard 5	(ˈblɪzɚd)	n.	暴風雪

15.

‡blood [1]	(blʌd)	n. 血
•bloody [2]	('blʌdɪ)	adj. 血腥的
•bloom [4]	(blum)	v. 開花
•blossom [4]	('blasəm)	n. (樹上的) 花
blot [5]	(blat)	n. 污漬
blunder [6]	('blʌndɚ)	n. 大錯誤
blunt [6]	(blʌnt)	adj. 鈍的
blur [5]	(blɝ)	v. 使模糊不清
•blush [4]	(blʌʃ)	v. 臉紅

16.

•bond [4]	(band)	n. 關係
bondage [6]	('bandɪdʒ)	n. 束縛
‡bone [1]	(bon)	n. 骨頭
•bony [2]	('bonɪ)	adj. 骨瘦如柴的
bonus [5]	('bonəs)	n. 獎金
•boot [3]	(but)	n. 靴子
booth [5]	(buθ)	n. 攤位
•bore [3]	(bor)	v. 使無聊
boredom [5]	('bordəm)	n. 無聊

17.

***bother** [2]	(ˈbɑðɚ)	v.	打擾
****bottle** [2]	(ˈbɑtl̩)	n.	瓶子
****bottom** [1]	(ˈbɑtəm)	n.	底部
bound [5]	(baʊnd)	adj.	被束縛的
boundary [5]	(ˈbaʊndərɪ)	n.	邊界
·**bounce** [4]	(baʊns)	v.	反彈
bout [6]	(baʊt)	n.	一回合
***bow** [2]	(baʊ)	v.	鞠躬
bowel [5]	(ˈbaʊəl)	n.	腸

18.

*****boy** [1]	(bɔɪ)	n.	男孩
boyhood [5]	(ˈbɔɪhʊd)	n.	少年時代
boycott [6]	(ˈbɔɪˌkɑt)	v.	聯合抵制
*****box** [1]	(bɑks)	n.	箱子
boxer [5]	(ˈbɑksɚ)	n.	拳擊手
boxing [5]	(ˈbɑksɪŋ)	n.	拳擊
*****bowl** [1]	(bol)	n.	碗
****bowling** [2]	(ˈbolɪŋ)	n.	保齡球
brew [6]	(bru)	v.	釀造

19.

•**brand** [2]	〔 brænd 〕	n. 品牌
‡**branch** [2]	〔 bræntʃ 〕	n. 樹枝
•**brain** [2]	〔 bren 〕	n. 頭腦
braid [5]	〔 bred 〕	n. 辮子
•**brake** [3]	〔 brek 〕	n. 煞車
brace [5]	〔 bres 〕	v. 使振作
•**bracelet** [4]	〔 'breslɪt 〕	n. 手鐲
•**brass** [3]	〔 bræs 〕	n. 黃銅
•**brassiére** [4]	〔 brə'zɪr 〕	n. 胸罩

20.

‡‡**break** [1]	〔 brek 〕	v. 打破
breakdown [6]	〔 'brek͵daʊn 〕	n. 故障
breakthrough [6]	〔 'brek͵θru 〕	n. 突破
breakup [6]	〔 'brek͵ʌp 〕	n. 分手
•**breath** [3]	〔 brεθ 〕	n. 呼吸
•**breathe** [3]	〔 brið 〕	v. 呼吸
‡**bread** [1]	〔 brεd 〕	n. 麵包
breadth [5]	〔 brεdθ 〕	n. 寬度
•**breast** [3]	〔 brεst 〕	n. 胸部

21.

bribe [5]	(braɪb)	v.	賄賂
***bride** [3]	(braɪd)	n.	新娘
***bridegroom** [4]	('braɪd,grum)	n.	新郎
‡**brick** [2]	(brɪk)	n.	磚頭
‡**bridge** [1]	(brɪdʒ)	n.	橋
***brief** [2]	(brif)	adj.	簡短的
briefcase [5]	('brif,kes)	n.	公事包
‡**bright** [1]	(braɪt)	adj.	明亮的
***brilliant** [3]	('brɪljənt)	adj.	燦爛的

22.

‡**bring** [1]	(brɪŋ)	v.	帶來
brink [6]	(brɪŋk)	n.	邊緣
brisk [6]	(brɪsk)	adj.	輕快的
‡**broad** [2]	(brɔd)	adj.	寬的
broaden [5]	('brɔdn̩)	v.	加寬
‡**broadcast** [2]	('brɔd,kæst)	v.	廣播
***broom** [3]	(brum)	n.	掃帚
brood [5]	(brud)	v.	沉思
***brook** [3]	(bruk)	n.	小溪

23.

‡**brother** ¹	(ˈbrʌðə)	n.	兄弟
brotherhood ⁵	(ˈbrʌðə‚hud)	n.	兄弟關係
broth ⁵	(brɔθ)	n.	高湯
•**brow** ³	(brau)	n.	眉毛
‡**brown** ¹	(braun)	adj.	棕色的
•**browse** ⁵	(brauz)	v.	瀏覽
bruise ⁵	(bruz)	n.	瘀傷
‡**brunch** ²	(brʌntʃ)	n.	早午餐
‡**brush** ²	(brʌʃ)	n.	刷子

24.

‡**bucket** ³	(ˈbʌkɪt)	n.	水桶
buckle ⁶	(ˈbʌkl̩)	n.	扣環
•**bubble** ³	(ˈbʌbl̩)	n.	泡泡
•**bud** ³	(bʌd)	n.	芽
•**budget** ³	(ˈbʌdʒɪt)	n.	預算
•**buffalo** ³	(ˈbʌfl̩‚o)	n.	水牛
‡**bun** ²	(bʌn)	n.	小圓麵包
•**bunch** ³	(bʌntʃ)	n.	一串
‡**bundle** ²	(ˈbʌndl̩)	n.	一大堆

25.

*bull[3]	(bul)	*n.* 公牛
*bullet[3]	('bulɪt)	*n.* 子彈
*bulletin[4]	('bulətɪn)	*n.* 佈告
bulk[5]	(bʌlk)	*n.* 大部分
bulky[6]	('bʌlkɪ)	*adj.* 龐大的
bulge[4]	(bʌldʒ)	*v.* 鼓起
*bulb[3]	(bʌlb)	*n.* 燈泡
‡bug[1]	(bʌg)	*n.* 小蟲
‡buffet[3]	(bʌ'fe)	*n.* 自助餐

26.

*bureau[5]	('bjuro)	*n.* 局
bureaucracy[6]	(bju'rɑkrəsɪ)	*n.* 官僚作風
‡burger[2]	('bɝgɚ)	*n.* 漢堡
*burglar[3]	('bɝglɚ)	*n.* 竊賊
*bury[3]	('bɛrɪ)	*v.* 埋
‡burial[6]	('bɛrɪəl)	*n.* 埋葬
*burn[2]	(bɝn)	*v.* 燃燒
‡burst[2]	(bɝst)	*v.* 爆破
*burden[3]	('bɝdn̩)	*n.* 負擔

27.

‡busy [1]	(ˈbɪzɪ)	*adj.*	忙碌的
‡business [2]	(ˈbɪznɪs)	*n.*	生意
•bush [3]	(buʃ)	*n.*	灌木叢
‡butter [1]	(ˈbʌtɚ)	*n.*	奶油
‡butterfly [1]	(ˈbʌtɚˌflaɪ)	*n.*	蝴蝶
•button [2]	(ˈbʌtn̩)	*n.*	按鈕
‡bus [1]	(bʌs)	*n.*	公車
•buzz [3]	(bʌz)	*v.*	發出嗡嗡聲
byte [6]	(baɪt)	*n.*	位元組

28.

•cabin [3]	(ˈkæbɪn)	*n.*	小木屋
•cabinet [4]	(ˈkæbənɪt)	*n.*	櫥櫃
‡cabbage [2]	(ˈkæbɪdʒ)	*n.*	包心菜
•cafe [2]	(kəˈfe)	*n.*	咖啡店
‡cafeteria [2]	(ˌkæfəˈtɪrɪə)	*n.*	自助餐廳
caffeine [6]	(ˈkæfiɪn)	*n.*	咖啡因
‡cage [1]	(kedʒ)	*n.*	籠子
‡cable [2]	(ˈkebl̩)	*n.*	電纜
cactus [5]	(ˈkæktəs)	*n.*	仙人掌

29.

*calculate⁴	('kælkjə,let)	v.	計算
*calculation⁴	(,kælkjə'leʃən)	n.	計算
*calculator⁴	('kælkjə,letɚ)	n.	計算機

‡calendar²	('kæləndɚ)	n.	日曆
calf⁵	(kæf)	n.	小牛
calcium⁶	('kælsɪəm)	n.	鈣

‡call¹	(kɔl)	v.	叫
calligraphy⁵	(kə'lɪgrəfɪ)	n.	書法
calorie⁴	('kælərɪ)	n.	卡路里

30.

‡camp¹	(kæmp)	v.	露營
‡campus³	('kæmpəs)	n.	校園
*campaign⁴	(kæm'pen)	n.	活動

*came³	(kem)	v.	來 (come 的過去式)
*camel¹	('kæml̩)	n.	駱駝
‡camera¹	('kæmərə)	n.	照相機

canal⁵	(kə'næl)	n.	運河
*canoe³	(kə'nu)	n.	獨木舟
canary⁵	(kə'nɛrɪ)	n.	金絲雀

31.

‡can [1]	〔kæn〕	*aux.* 能夠
‡cancel [2]	〔'kænsl̩〕	*v.* 取消
‡cancer [2]	〔'kænsɚ〕	*n.* 癌症
‡candy [1]	〔'kændɪ〕	*n.* 糖果
‡candle [2]	〔'kændl̩〕	*n.* 蠟燭
*candidate [4]	〔'kændə,det〕	*n.* 候選人
cannon [5]	〔'kænən〕	*n.* 大砲
*canyon [3]	〔'kænjən〕	*n.* 峽谷
canvas [6]	〔'kænvəs〕	*n.* 帆布

32.

*capital [3,4]	〔'kæpətl̩〕	*n.* 首都
*capitalism [4]	〔'kæpətl̩,ɪzəm〕	*n.* 資本主義
capitalist [4]	〔'kæpətl̩ɪst〕	*n.* 資本家
*capture [3]	〔'kæptʃɚ〕	*v.* 抓住
captive [6]	〔'kæptɪv〕	*n.* 俘虜
captivity [6]	〔kæp'tɪvətɪ〕	*n.* 囚禁
*capable [3]	〔'kepəbl̩〕	*adj.* 能夠的
capability [6]	〔,kepə'bɪlətɪ〕	*n.* 能力
*capacity [4]	〔kə'pæsətɪ〕	*n.* 容量

33.

‡**car** [1]	(kɑr)	n.	汽車
carbon [5]	('kɑrbən)	n.	碳
carbohydrate [6]	(‚kɑrbo'haɪdret)	n.	碳水化合物

‡**card** [1]	(kɑrd)	n.	卡片
cardboard [5]	('kɑrd‚bord)	n.	厚紙板
•**career** [4]	(kə'rɪr)	n.	職業

‡**care** [1]	(kɛr)	v.	在乎
‡**careful** [1]	('kɛrfəl)	adj.	小心的
carefree [5]	('kɛr‚fri)	adj.	無憂無慮的

34.

carp [5]	(kɑrp)	n.	鯉魚
‡**carpet** [2]	('kɑrpɪt)	n.	地毯
•**carpenter** [3]	('kɑrpəntɚ)	n.	木匠

•**cart** [2]	(kɑrt)	n.	手推車
carton [5]	('kɑrtn̩)	n.	紙盒
‡**cartoon** [2]	(kɑr'tun)	n.	卡通

•**carve** [4]	(kɑrv)	v.	雕刻
•**cargo** [4]	('kɑrgo)	n.	貨物
carnival [5]	('kɑrnəvl̩)	n.	嘉年華會

35.

‡**cash** [2]	〔kæʃ〕	*n.*	現金
cashier [6]	〔kæ'ʃɪr〕	*n.*	出納員
‡**case** [1]	〔kes〕	*n.*	情況
‡**cassette** [2]	〔kæ'sɛt〕	*n.*	卡式錄音帶
***cast** [3]	〔kæst〕	*v.*	投擲
‡**castle** [2]	〔'kæsḷ〕	*n.*	城堡
‡**carry** [1]	〔'kærɪ〕	*v.*	攜帶
***casual** [3]	〔'kæʒʊəl〕	*adj.*	非正式的
casualty [6]	〔'kæʒʊəltɪ〕	*n.*	死傷（者）

36.

‡**cat** [1]	〔kæt〕	*n.*	貓
‡**catch** [1]	〔kætʃ〕	*v.*	抓住
***cattle** [3]	〔'kætḷ〕	*n.*	牛
***catalogue** [4]	〔'kætḷ,ɔg〕	*n.*	目錄
catastrophe [6]	〔kə'tæstrəfɪ〕	*n.*	大災難
category [5]	〔'kætə,gorɪ〕	*n.*	類別
cater [6]	〔'ketɚ〕	*v.*	迎合
***caterpillar** [3]	〔'kætɚ,pɪlɚ〕	*n.*	毛毛蟲
cathedral [5]	〔kə'θidrəl〕	*n.*	大教堂

一口氣背 7000 字 ③

1.

cause [1]	(kɔz)	n.	原因
caution [5]	('kɔʃən)	n.	小心
cautious [5]	('kɔʃəs)	adj.	小心的
cave [2]	(kev)	n.	洞穴
cavity [6]	('kævətɪ)	n.	蛀牙
cavalry [6]	('kævl̩rɪ)	n.	騎兵
CD [4]	(ˏsi'di)	n.	雷射唱片
cease [4]	(sis)	v.	停止
ceiling [2]	('silɪŋ)	n.	天花板

2.

‡cell [2]	(sɛl)	n.	小牢房
cellar [5]	('sɛlə)	n.	地窖
‡celery [5]	('sɛlərɪ)	n.	芹菜
‡celebrate [3]	('sɛlə,bret)	v.	慶祝
celebration [4]	(ˏsɛlə'breʃən)	n.	慶祝活動
‡celebrity [5]	(sə'lɛbrətɪ)	n.	名人
‡cello [5]	('tʃɛlo)	n.	大提琴
cement [4]	(sə'mɛnt)	n.	水泥
cemetery [6]	('sɛmə,tɛrɪ)	n.	墓地

3.

‡cent [1]	〔 sɛnt 〕	n. 分
‡centigrade [5]	〔'sɛntə,gred〕	adj. 攝氏的
‡centimeter [3]	〔'sɛntə,mitɚ〕	n. 公分
‡center [1]	〔'sɛntɚ〕	n. 中心
central [2]	〔'sɛntrəl〕	adj. 中央的
century [2]	〔'sɛntʃərɪ〕	n. 世紀
certain [1]	〔'sɝtn̩〕	adj. 確定的
certainty [6]	〔'sɝtn̩tɪ〕	n. 確信
‡certificate [5]	〔sə'tɪfəkɪt〕	n. 證書

4.

*chair [1]	〔tʃɛr〕	n. 椅子
‡chairman [5]	〔'tʃɛrmən〕	n. 主席
*chain [3]	〔tʃen〕	n. 鏈子
*chalk [2]	〔tʃɔk〕	n. 粉筆
challenge [3]	〔'tʃælɪndʒ〕	n. 挑戰
chamber [4]	〔'tʃembɚ〕	n. 房間
champagne [6]	〔ʃæm'pen〕	n. 香檳
*champion [3]	〔'tʃæmpɪən〕	n. 冠軍
*championship [4]	〔'tʃæmpɪən,ʃɪp〕	n. 冠軍資格

5.

change [2]	(tʃendʒ)	v.	改變
changeable [3]	('tʃendʒəbl̩)	adj.	可改變的
chance [1]	(tʃæns)	n.	機會

*chant [5]	(tʃænt)	v.	反覆地說
channel [3]	('tʃænl̩)	n.	頻道
*chapter [3]	('tʃæptɚ)	n.	章

character [2]	('kærɪktɚ)	n.	性格
*characterize [6]	('kærɪktɚˌraɪz)	v.	以⋯爲特色
*characteristic [4]	(ˌkærɪktɚ'rɪstɪk)	n.	特性

6.

*chat [3]	(tʃæt)	v.	聊天
chatter [5]	('tʃætɚ)	v.	喋喋不休
chase [1]	(tʃes)	v.	追趕

charity [4]	('tʃærətɪ)	n.	慈善機構
charitable [6]	('tʃærətəbl̩)	adj.	慈善的
*chariot [6]	('tʃærɪət)	n.	兩輪戰車

*charge [2]	(tʃardʒ)	v.	收費
chart [1]	(tʃart)	n.	圖表
charcoal [6]	('tʃarˌkol)	n.	木炭

7.

‡check¹	(tʃɛk)	v.	檢查
‡checkbook⁵	('tʃɛk͵bʊk)	n.	支票簿
‡cheat²	(tʃit)	v.	欺騙
check-in⁵	('tʃɛk͵ɪn)	n.	登記住宿
‡check-out⁵	('tʃɛk͵aʊt)	n.	結帳退房
•checkup⁵	('tʃɛk͵ʌp)	n.	健康檢查
cheer³	(tʃɪr)	v.	使振作
‡cheerful³	('tʃɪrfəl)	adj.	愉快的
cheese³	(tʃiz)	n.	起司

8.

•chemical²	('kɛmɪkl̩)	n.	化學物質
chemistry⁴	('kɛmɪstrɪ)	n.	化學
chemist⁵	('kɛmɪst)	n.	化學家
‡cherry³	('tʃɛrɪ)	n.	櫻桃
cherish⁴	('tʃɛrɪʃ)	v.	珍惜
chess²	(tʃɛs)	n.	西洋棋
•chest³	(tʃɛst)	n.	胸部
•chestnut⁵	('tʃɛsnət)	n.	栗子
‡chew³	(tʃu)	v.	嚼

9.

‡**chick**[1]	(tʃɪk)	*n.* 小雞
chicken[1]	('tʃɪkən)	*n.* 雞
‡**chief**[1]	(tʃif)	*adj.* 主要的
‡**child**[1]	(tʃaɪld)	*n.* 小孩
childhood[3]	('tʃaɪld,hʊd)	*n.* 童年
‡**childish**[2]	('tʃaɪldɪʃ)	*adj.* 幼稚的
chill[3]	(tʃɪl)	*n.* 寒冷
chilly[3]	('tʃɪlɪ)	*adj.* 寒冷的
‡**chili**[5]	('tʃɪlɪ)	*n.* 辣椒

10.

choice[2]	(tʃɔɪs)	*n.* 選擇
chocolate[2]	('tʃɔkəlɪt)	*n.* 巧克力
choke[3]	(tʃok)	*v.* 使窒息
chop[3]	(tʃɑp)	*v.* 砍
chopsticks[2]	('tʃɑp,stɪks)	*n. pl.* 筷子
chore[4]	(tʃor)	*n.* 雜事
chord[5]	(kɔrd)	*n.* 和弦
chorus[4]	('korəs)	*n.* 合唱團
cholesterol[6]	(kə'lɛstə,rol)	*n.* 膽固醇

11.

‡**cigar** 4	(sɪˋgɑr)	n. 雪茄
cigarette 3	(ˋsɪgə‚rɛt)	n. 香煙
‡**cinema** 4	(ˋsɪnəmə)	n. 電影
‡**chubby** 5	(ˋtʃʌbɪ)	adj. 圓胖的
chuckle 6	(ˋtʃʌkḷ)	v. 咯咯地笑
‡**chunk** 6	(tʃʌŋk)	n. 厚塊
‡**church** 1	(tʃɝtʃ)	n. 教堂
Christmas 1	(ˋkrɪsməs)	n. 聖誕節
chronic 6	(ˋkrɑnɪk)	adj. 慢性的

12.

‡**circle** 2	(ˋsɝkḷ)	n. 圓圈
‡**circuit** 5	(ˋsɝkɪt)	n. 電路
‡**circular** 4	(ˋsɝkjələ)	adj. 圓的
‡**circulate** 4	(ˋsɝkjə‚let)	v. 循環
circulation 4	(‚sɝkjəˋleʃən)	n. 循環
circus 3	(ˋsɝkəs)	n. 馬戲團
city 1	(ˋsɪtɪ)	n. 都市
citizen 2	(ˋsɪtəzṇ)	n. 公民
‡**civilian** 4	(səˋvɪljən)	n. 平民

13.

*civil ³	('sɪvḷ)	adj. 公民的
*civilize ⁶	('sɪvḷ,aɪz)	v. 教化
⁺civilization ⁴	(,sɪvḷaɪ'zeʃən)	n. 文明
clam ⁵	(klæm)	n. 蛤蜊
clamp ⁶	(klæmp)	n. 夾具
*claim ²	(klem)	v. 宣稱
clap ²	(klæp)	v. 鼓掌
*clarify ⁴	('klærə,faɪ)	v. 清楚地說明
*clarity ⁶	('klærətɪ)	n. 清晰

14.

class ¹	(klæs)	n. 班級
classic ²	('klæsɪk)	adj. 經典的
classical ³	('klæsɪkḷ)	adj. 古典的
*classify ⁴	('klæsə,faɪ)	v. 分類
classification ⁴	(,klæsəfə'keʃən)	n. 分類
*clause ⁵	(klɔz)	n. 子句
clean ¹	(klin)	adj. 乾淨的
*cleaner ²	('klinɚ)	n. 清潔工
*cleanse ⁶	(klɛnz)	v. 使清潔

15.

‡climb¹	(klaɪm)	v.	爬
‡climax⁴	('klaɪmæks)	n.	高潮
·climate²	('klaɪmɪt)	n.	氣候
‡cling⁵	(klɪŋ)	v.	黏住
·clinic³	('klɪnɪk)	n.	診所
clinical⁶	('klɪnɪkl̩)	adj.	臨床的
click³	(klɪk)	n.	喀嗒聲
cliff⁴	(klɪf)	n.	懸崖
clip³	(klɪp)	v.	修剪

16.

clock¹	(klɑk)	n.	時鐘
clockwise⁵	('klɑk,waɪz)	adv.	順時針方向地
clone⁶	(klon)	n.	複製的生物
close¹	(kloz)	v.	關上
closet²	('klɑzɪt)	n.	衣櫥
closure⁶	('kloʒɚ)	n.	關閉
‡cloth²	(klɔθ)	n.	布
·clothe²	(kloð)	v.	穿衣
·clothes²	(kloz)	n. pl.	衣服

17.

‡cloud [1]	(klaʊd)	n. 雲
cloudy [2]	('klaʊdɪ)	adj. 多雲的
‡clown [2]	(klaʊn)	n. 小丑

club [2]	(klʌb)	n. 俱樂部
clumsy [4]	('klʌmzɪ)	adj. 笨拙的
cluster [5]	('klʌstɚ)	v. 聚集

clutch [5]	(klʌtʃ)	v. 緊抓
‡clover [5]	('klovɚ)	n. 三葉草
·clue [3]	(klu)	n. 線索

18.

·coach [2]	(kotʃ)	n. 教練
·coal [2]	(kol)	n. 煤
·coarse [4]	(kors)	adj. 粗糙的

·coast [1]	(kost)	n. 海岸
coastline [5]	('kost,laɪn)	n. 海岸線
coat [1]	(kot)	n. 外套

·cock [2]	(kɑk)	n. 公雞
·cockroach [2]	('kɑk,rotʃ)	n. 蟑螂
‡cocktail [3]	('kɑk,tel)	n. 雞尾酒

19.

‡coin [2]	(kɔɪn)	n. 硬幣
*coincide [6]	(ˏkoɪn'saɪd)	v. 與…同時發生
*coincidence [6]	(ko'ɪnsədəns)	n. 巧合

‡Coke [1]	(kok)	n. 可口可樂
‡cola [1]	('kolə)	n. 可樂
code [4]	(kod)	n. 密碼

‡coffee [1]	('kɔfɪ)	n. 咖啡
coffin [6]	('kɔfɪn)	n. 棺材
coherent [6]	(ko'hɪrənt)	adj. 有條理的

20.

*collect [2]	(kə'lɛkt)	v. 收集
collection [3]	(kə'lɛkʃən)	n. 收集
*collector [6]	(kə'lɛktə)	n. 收藏家

*collar [3]	('kɑlə)	n. 衣領
‡college [3]	('kɑlɪdʒ)	n. 大學
colleague [5]	('kɑlig)	n. 同事

*collide [6]	(kə'laɪd)	v. 相撞
*collision [6]	(kə'lɪʒən)	n. 相撞
*collapse [4]	(kə'læps)	v. 倒塌

21.

*color [1]	(ˈkʌlɚ)	*n.* 顏色
colorful [2]	(ˈkʌlɚfəl)	*adj.* 多彩多姿的
*colony [3]	(ˈkɑlənɪ)	*n.* 殖民地
‡colonial [5]	(kəˈlonɪəl)	*adj.* 殖民地的
colonel [5]	(ˈkɝnl̩)	*n.* 上校
colloquial [6]	(kəˈlokwɪəl)	*adj.* 口語的
column [3]	(ˈkɑləm)	*n.* 專欄
columnist [6]	(ˈkɑləmɪst)	*n.* 專欄作家
combat [5]	(ˈkɑmbæt)	*v.* 與…戰鬥

22.

come [1]	(kʌm)	*v.* 來
comet [5]	(ˈkɑmɪt)	*n.* 彗星
comedy [4]	(ˈkɑmədɪ)	*n.* 喜劇
comedian [5]	(kəˈmidɪən)	*n.* 喜劇演員
*comfort [3]	(ˈkʌmfɚt)	*n.* 舒適
*comfortable [2]	(ˈkʌmfɚtəbl̩)	*adj.* 舒適的
*combine [3]	(kəmˈbaɪn)	*v.* 結合
‡combination [4]	(ˌkɑmbəˈneʃən)	*n.* 結合
*comic [4]	(ˈkɑmɪk)	*n.* 漫畫

23.

*comma [3]	('kamə)	n.	逗點
‡command [3]	(kə'mænd)	v.	命令
*commander [4]	(kə'mændə)	n.	指揮官
*commence [6]	(kə'mɛns)	v.	開始
*commercial [3]	(kə'mɜʃəl)	adj.	商業的
*commemorate [6]	(kə'mɛmə,ret)	v.	紀念
comment [4]	('kamɛnt)	n.	評論
*commentary [6]	('kamən,tɛrɪ)	n.	評論
‡commentator [5]	('kamən,tetə)	n.	評論家

24.

*commit [4]	(kə'mɪt)	v.	犯（罪）
*commitment [6]	(kə'mɪtmənt)	n.	承諾
*committee [3]	(kə'mɪtɪ)	n.	委員會
‡common [1]	('kamən)	adj.	常見的
*commonplace [5]	('kamən,ples)	n.	老生常談
commodity [5]	(kə'madətɪ)	n.	商品
*commute [5]	(kə'mjut)	v.	通勤
*commuter [5]	(kə'mjutə)	n.	通勤者
*commission [5]	(kə'mɪʃən)	n.	佣金

25.

communicate[3] 〔kə'mjunə,ket〕 v. 溝通
*communication[4] 〔kə,mjunə'keʃən〕 n. 溝通
*communicative[6] 〔kə'mjunə,ketɪv〕 adj. 溝通的

communism[5] 〔'kɑmju,nɪzəm〕 n. 共產主義
communist[5] 〔'kɑmju,nɪst〕 n. 共產主義者
*community[4] 〔kə'mjunətɪ〕 n. 社區

‡company[2] 〔'kʌmpənɪ〕 n. 公司
*companion[4] 〔kəm'pænjən〕 n. 同伴
companionship[6] 〔kəm'pænjən,ʃɪp〕 n. 友誼

26.

*compare[2] 〔kəm'pɛr〕 v. 比較
*comparison[3] 〔kəm'pærəsn〕 n. 比較
‡comparative[6] 〔kəm'pærətɪv〕 adj. 比較的

*comparable[6] 〔'kɑmpərəbḷ〕 adj. 可比較的
‡compass[5] 〔'kʌmpəs〕 n. 羅盤
compassion[5] 〔kəm'pæʃən〕 n. 同情

‡compatible[6] 〔kəm'pætəbḷ〕 adj. 相容的
*compel[5] 〔kəm'pɛl〕 v. 強迫
*compile[6] 〔kəm'paɪl〕 v. 編輯

27.

‡compete ³	〔kəm'pit〕	v. 競爭
‡competition ⁴	〔͵kampə'tıʃən〕	n. 競爭
·competitive ⁴	〔kəm'pɛtətıv〕	adj. 競爭的
·competitor ⁴	〔kəm'pɛtətɚ〕	n. 競爭者
‡competent ⁶	〔'kampətənt〕	adj. 能幹的
competence ⁶	〔'kampətəns〕	n. 能力
·compensate ⁶	〔'kampən͵set〕	v. 補償
compensation ⁶	〔͵kampən'seʃən〕	n. 補償
‡compact ⁵	〔kəm'pækt〕	adj. 小型的

28.

‡complain ²	〔kəm'plen〕	v. 抱怨
‡complaint ³	〔kəm'plent〕	n. 抱怨
·complement ⁶	〔'kampləmənt〕	n. 補充
complex ³	〔kəm'plɛks〕	adj. 複雜的
·complexion ⁶	〔kəm'plɛkʃən〕	n. 膚色
complexity ⁶	〔kəm'plɛksətı〕	n. 複雜
·complicate ⁴	〔'kamplə͵ket〕	v. 使複雜
complication ⁶	〔͵kamplə'keʃən〕	n. 複雜
·compliment ⁵	〔'kampləmənt〕	n. 稱讚

29.

comprehend [5] 〔͵kɑmprɪˈhɛnd〕 *v.* 理解
comprehension [5] 〔͵kɑmprɪˈhɛnʃən〕 *n.* 理解力
comprehensive [6] 〔͵kɑmprɪˈhɛnsɪv〕 *adj.* 全面的

comprise [6] 〔kəmˈpraɪz〕 *v.* 組成
compromise [5] 〔ˈkɑmprəͺmaɪz〕 *v.* 妥協
compound [5] 〔ˈkɑmpaʊnd〕 *n.* 化合物

compute [5] 〔kəmˈpjut〕 *v.* 計算
computer [2] 〔kəmˈpjutɚ〕 *n.* 電腦
computerize [5] 〔kəmˈpjutəͺraɪz〕 *v.* 使電腦化

30.

conceive [5] 〔kənˈsiv〕 *v.* 想像
conception [6] 〔kənˈsɛpʃən〕 *n.* 觀念
concept [4] 〔ˈkɑnsɛpt〕 *n.* 觀念

concentrate [4] 〔ˈkɑnsṇͺtret〕 *v.* 專心
concentration [4] 〔͵kɑnsṇˈtreʃən〕 *n.* 專心
concession [6] 〔kənˈsɛʃən〕 *n.* 讓步

concern [3] 〔kənˈsɝn〕 *n.* 關心
concerning [4] 〔kənˈsɝnɪŋ〕 *prep.* 關於
concert [3] 〔ˈkɑnsɝt〕 *n.* 音樂會

31.

conclude [3]	(kən'klud)	v.	下結論
conclusion [3]	(kən'kluʒən)	n.	結論
concise [6]	(kən'saɪs)	adj.	簡明的
conduct [5]	(kən'dʌkt)	v.	進行
conductor [4]	(kən'dʌktə)	n.	指揮
condition [3]	(kən'dɪʃən)	n.	情況
condemn [5]	(kən'dɛm)	v.	譴責
condense [6]	(kən'dɛns)	v.	濃縮
concrete [4]	(kɑn'krit)	adj.	具體的

32.

‡confer [6]	(kən'fɝ)	v.	商量
conference [4]	('kɑnfərəns)	n.	會議
‡confirm [2]	(kən'fɝm)	v.	證實
‡confine [4]	(kən'faɪn)	v.	限制
confess [4]	(kən'fɛs)	v.	招認
‡confession [5]	(kən'fɛʃən)	n.	招認
‡confident [3]	('kɑnfədənt)	adj.	有信心的
confidence [4]	('kɑnfədəns)	n.	信心
confidential [6]	(ˌkɑnfə'dɛnʃəl)	adj.	機密的

33.

‡confuse[3]	(kən'fjuz)	v.	使困惑
‡confusion[4]	(kən'fjuʒən)	n.	困惑
‡Confucius[2]	(kən'fjuʃəs)	n.	孔子

‡congratulate[4]	(kən'grætʃə,let)	v.	祝賀
congratulations[2]	(kən,grætʃə'leʃənz)	n. pl.	恭喜
congress[4]	('kɑŋgrəs)	n.	議會

connect[3]	(kə'nɛkt)	v.	連接
connection[3]	(kə'nɛkʃən)	n.	關聯
‡conjunction[4]	(kən'dʒʌŋkʃən)	n.	連接詞

34.

*conserve[5]	(kən'sɝv)	v.	節省
*conservative[4]	(kən'sɝvətɪv)	adj.	保守的
‡conservation[6]	(,kɑnsə'veʃən)	n.	節省

*conscious[3]	('kɑnʃəs)	adj.	知道的
conscience[4]	('kɑnʃəns)	n.	良心
conscientious[6]	(,kɑnʃɪ'ɛnʃəs)	adj.	有良心的

consent[5]	(kən'sɛnt)	v.	同意
*consequent[4]	('kɑnsə,kwɛnt)	adj.	接著發生的
*consequence[4]	('kɑnsə,kwɛns)	n.	後果

35.

consider ²	〔kən'sɪdə〕	v.	認為
considerable ³	〔kən'sɪdərəbḷ〕	adj.	相當大的
considerate ⁵	〔kən'sɪdərɪt〕	adj.	體貼的
*consideration ³	〔kən,sɪdə'refən〕	n.	考慮
consist ⁴	〔kən'sɪst〕	v.	由…組成
*consistent ⁴	〔kən'sɪstənt〕	adj.	一致的
console ⁵	〔kən'sol〕	v.	安慰
*consolation ⁶	〔,kɑnsə'lefən〕	n.	安慰
*conspiracy ⁶	〔kən'spɪrəsɪ〕	n.	陰謀

36.

*constitute ⁴	〔'kɑnstə,tjut〕	v.	構成
constitution ⁴	〔,kɑnstə'tjufən〕	n.	憲法
constitutional ⁵	〔,kɑnstə'tjufənḷ〕	adj.	憲法的
construct ⁴	〔kən'strʌkt〕	v.	建設
construction ⁴	〔kən'strʌkfən〕	n.	建設
*constructive ⁴	〔kən'strʌktɪv〕	adj.	建設性的
*consult ⁴	〔kən'sʌlt〕	v.	請教
consultant ⁴	〔kən'sʌltənt〕	n.	顧問
consultation ⁶	〔,kɑnsḷ'tefən〕	n.	請教

一口氣背 7000 字 ④

1.

°**consume** ⁴ （kən'sum） v. 消耗
°**consumer** ⁴ （kən'sumɚ） n. 消費者
consumption ⁶ （kən'sʌmpʃən） n. 消耗

°**contain** ² （kən'ten） v. 包含
°**container** ⁴ （kən'tenɚ） n. 容器
contaminate ⁵ （kən'tæmə,net） v. 污染

contemplate ⁵ （'kantəm,plet） v. 沉思
contemplation ⁶ （,kantəm'pleʃən） n. 沉思
contemporary ⁵ （kən'tɛmpə,rɛrɪ） adj. 當代的

2.

contend ⁵ （kən'tɛnd） v. 爭奪
°**content** ⁴ （kən'tɛnt） adj. 滿足的
contentment ⁴ （kən'tɛntmənt） n. 滿足

°**contest** ⁴ （'kantɛst） n. 比賽
contestant ⁶ （kən'tɛstənt） n. 參賽者
°**context** ⁴ （'kantɛkst） n. 上下文

°**continent** ³ （'kantənənt） n. 洲
°**continental** ⁵ （,kantə'nɛntḷ） adj. 大陸的
°**continual** ⁴ （kən'tɪnjuəl） adj. 連續的

3.

‡**continue** [1]	〔kən'tɪnju〕	v.	繼續
continuity [5]	〔,kɑntə'njuətɪ〕	n.	連續
***continuous** [4]	〔kən'tɪnjuəs〕	adj.	連續的

‡**contract** [3]	〔'kɑntrækt〕	n.	合約
contractor [6]	〔'kɑntræktə〕	n.	承包商

contradict [6]	〔,kɑntrə'dɪkt〕	v.	與…矛盾
contradiction [6]	〔,kɑntrə'dɪkʃən〕	n.	矛盾

*·**contrary** [4]	〔'kɑntrɛrɪ〕	adj.	相反的
*·**contrast** [4]	〔'kɑntræst〕	n.	對比

4.

·**control** [2]	〔kən'trol〕	v. n.	控制
controller [2]	〔kən'trolə〕	n.	管理者
controversial [6]	〔,kɑntrə'vɝʃəl〕	adj.	爭議性的

controversy [6]	〔'kɑntrə,vɝsɪ〕	n.	爭論
***contribute** [4]	〔kən'trɪbjut〕	v.	貢獻
***contribution** [4]	〔,kɑntrə'bjuʃən〕	n.	貢獻

contempt [5]	〔kən'tɛmpt〕	n.	輕視
***contact** [2]	〔'kɑntækt〕	v.	接觸
contagious [5]	〔kən'tedʒəs〕	adj.	傳染性的

5.

‡**convenient** [2] 〔 kən'vinjənt 〕 *adj.* 方便的
*　**convenience** [4] 〔 kən'vinjəns 〕 *n.* 方便

*　**convention** [4] 〔 kən'vɛnʃən 〕 *n.* 代表大會
*　**conventional** [4] 〔 kən'vɛnʃənḷ 〕 *adj.* 傳統的

*　**converse** [4] 〔 kən'vɝs 〕 *v.* 談話
‡**conversation** [2] 〔 ,kɑnvə'seʃən 〕 *n.* 對話

　convert [5] 〔 kən'vɝt 〕 *v.* 改變
　conversion [5] 〔 kən'vɝʃən 〕 *n.* 轉換
*　**convey** [4] 〔 kən've 〕 *v.* 傳達

6.

‡**cook** [1] 〔 kʊk 〕 *v.* 做菜
*　**cooker** [2] 〔 'kʊkə 〕 *n.* 烹調器具
‡**cookie** [1] 〔 'kʊkɪ 〕 *n.* 餅乾

*　**cooperate** [4] 〔 ko'ɑpə,ret 〕 *v.* 合作
*　**cooperation** [4] 〔 ko,ɑpə'reʃən 〕 *n.* 合作
*　**cooperative** [4] 〔 ko'ɑpə,retɪv 〕 *adj.* 合作的

　coordinate [6] 〔 ko'ɔrdn̩,et 〕 *v.* 使協調
　convict [5] 〔 kən'vɪkt 〕 *v.* 定罪
*　**convince** [4] 〔 kən'vɪns 〕 *v.* 使相信

7.

‡copy [2]	('kɑpɪ)	v.	影印
copyright [5]	('kɑpɪ,raɪt)	n.	著作權
*copper [4]	('kɑpɚ)	n.	銅
*cord [4]	(kɔrd)	n.	細繩
cordial [6]	('kɔrdʒəl)	adj.	熱誠的
coral [5]	('kɔrəl)	n.	珊瑚
*cork [4]	(kɔrk)	n.	軟木塞
‡corn [1]	(kɔrn)	n.	玉米
‡corner [2]	('kɔrnɚ)	n.	角落

8.

*correspond [4]	(,kɔrə'spɑnd)	v.	通信
correspondence [5]	(,kɔrə'spɑndəns)	n.	通信
correspondent [6]	(,kɔrə'spɑndənt)	n.	通訊記者
corrupt [5]	(kə'rʌpt)	adj.	貪污的
corruption [6]	(kə'rʌpʃən)	n.	貪污
‡correct [1]	(kə'rɛkt)	adj.	正確的
corporate [6]	('kɔrpərɪt)	adj.	法人的
corporation [5]	(,kɔrpə'reʃən)	n.	公司
corps [6]	(kor)	n.	部隊

9.

‡**cost** [1]	(kɔst)	v. 花費
*****costly** [2]	('kɔstlɪ)	adj. 昂貴的
*****costume** [4]	('kɑstjum)	n. 服裝

counsel [5]	('kaʊnsḷ)	n. 勸告
counselor [5]	('kaʊnslɚ)	n. 顧問
*****council** [4]	('kaʊnsḷ)	n. 議會

*****cottage** [4]	('kɑtɪdʒ)	n. 農舍
‡**cotton** [2]	('kɑtn̩)	n. 棉
‡**couch** [3]	(kaʊtʃ)	n. 長沙發

10.

‡**count** [1]	(kaʊnt)	v. 數
*****countable** [3]	('kaʊntəbḷ)	adj. 可數的
*****counter** [4]	('kaʊntɚ)	n. 櫃台

counterclockwise [5]	(ˌkaʊntɚ'klɑkˌwaɪz)	adv. 逆時針方向地
counterpart [6]	('kaʊntɚˌpɑrt)	n. 相對應的人或物
*****county** [2]	('kaʊntɪ)	n. 縣

‡**country** [1]	('kʌntrɪ)	n. 國家
*****countryside** [2]	('kʌntrɪˌsaɪd)	n. 鄉間
‡**couple** [2]	('kʌpḷ)	n. 一對男女

11.

‡courage²	(ˈkɝɪdʒ)	n.	勇氣
*courageous⁴	(kəˈredʒəs)	adj.	勇敢的
‡course¹	(kors)	n.	課程
‡court²	(kort)	n.	法院
*courteous⁴	(ˈkɝtɪəs)	adj.	有禮貌的
*courtesy⁴	(ˈkɝtəsɪ)	n.	禮貌
courtyard⁵	(ˈkort,jɑrd)	n.	庭院
‡cousin²	(ˈkʌzn̩)	n.	表(堂)兄弟姊妹
coupon⁵	(ˈkupɑn)	n.	折價券

12.

‡cover¹	(ˈkʌvɚ)	v.	覆蓋
coverage⁶	(ˈkʌvərɪdʒ)	n.	涵蓋的範圍
covet⁶	(ˈkʌvɪt)	v.	貪圖
‡cow¹	(kau)	n.	母牛
*coward³	(ˈkauɚd)	n.	懦夫
‡cowboy¹	(ˈkau,bɔɪ)	n.	牛仔
‡crab²	(kræb)	n.	螃蟹
*crack⁴	(kræk)	v.	使破裂
cracker⁵	(ˈkrækɚ)	n.	餅乾

13.

*cram⁴	〔kræm〕	v. 填塞
cramp⁶	〔kræmp〕	n. 抽筋
*crane²	〔kren〕	n. 起重機
‡crazy²	〔'krezɪ〕	adj. 瘋狂的
*crayon²	〔'kreən〕	n. 蠟筆
*cradle³	〔'kredl̩〕	n. 搖籃
*crash³	〔kræʃ〕	v. n. 墜毀
*crawl³	〔krɔl〕	v. 爬行
crater⁵	〔'kretɚ〕	n. 火山口

14.

‡create²	〔krɪ'et〕	v. 創造
*creation⁴	〔krɪ'eʃən〕	n. 創造
*creative³	〔krɪ'etɪv〕	adj. 有創造力的
*creativity⁴	〔ˌkrie'tɪvətɪ〕	n. 創造力
creator³	〔krɪ'etɚ〕	n. 創造者
*creature³	〔'kritʃɚ〕	n. 生物
*credit³	〔'krɛdɪt〕	n. 信用
credible⁶	〔'krɛdəbl̩〕	adj. 可信的
credibility⁶	〔ˌkrɛdə'bɪlətɪ〕	n. 可信度

15.

‡**crime** [2]	〔kraɪm〕	*n.* 罪
·**criminal** [3]	〔'krɪmənḷ〕	*n.* 罪犯
·**cripple** [4]	〔'krɪpḷ〕	*n.* 跛子
·**criticize** [4]	〔'krɪtə,saɪz〕	*v.* 批評
·**critical** [4]	〔'krɪtɪkḷ〕	*adj.* 批評的
·**criticism** [4]	〔'krɪtə,sɪzəm〕	*n.* 批評
·**critic** [4]	〔'krɪtɪk〕	*n.* 評論家
·**crispy** [3]	〔'krɪspɪ〕	*adj.* 酥脆的
·**crisis** [2]	〔'kraɪsɪs〕	*n.* 危機

16.

crook [6]	〔krʊk〕	*n.* 彎曲
crooked [6]	〔'krʊkɪd〕	*adj.* 彎曲的
crocodile [5]	〔'krɑkə,daɪl〕	*n.* 鱷魚
‡**cross** [2]	〔krɔs〕	*v.* 越過
crossing [5]	〔'krɔsɪŋ〕	*n.* 穿越處
crouch [5]	〔krautʃ〕	*v.* 蹲下
*****crow** [1,2]	〔kro〕	*n.* 烏鴉
‡**crowd** [2]	〔kraud〕	*n.* 群眾
*****crown** [3]	〔kraun〕	*n.* 皇冠

17.

*cruel [2]	('kruəl)	adj. 殘忍的
cruelty [4]	('kruəltı)	n. 殘忍
crude [6]	(krud)	adj. 未經加工的
cruise [6]	(kruz)	n. 巡航
cruiser [6]	('kruzɚ)	n. 巡洋艦
crucial [6]	('kruʃəl)	adj. 關鍵性的
crumb [6]	(krʌm)	n. 碎屑
crumble [6]	('krʌmbḷ)	v. 粉碎
crust [6]	(krʌst)	n. 地殼

18.

*cue [4]	(kju)	v. 暗示
cube [4]	(kjub)	n. 立方體
*cucumber [4]	('kjukʌmbɚ)	n. 黃瓜
*culture [2]	('kʌltʃɚ)	n. 文化
*cultural [3]	('kʌltʃərəl)	adj. 文化的
*cultivate [6]	('kʌltə,vet)	v. 培養
*cup [1]	(kʌp)	n. 杯子
*cupboard [3]	('kʌbɚd)	n. 碗櫥
*cunning [4]	('kʌnıŋ)	adj. 狡猾的

19.

‡**cure** [2]	〔kjʊr〕	v.	治療
‡**curious** [2]	〔'kjʊrɪəs〕	adj.	好奇的
•**curiosity** [4]	〔,kjʊrɪ'asətɪ〕	n.	好奇心

‡**current** [3]	〔'kɝənt〕	adj.	現在的
currency [5]	〔'kɝənsɪ〕	n.	貨幣
curriculum [5]	〔kə'rɪkjələm〕	n.	課程

curry [5]	〔'kɝɪ〕	n.	咖哩
•**curse** [4]	〔kɝs〕	v. n.	詛咒
•**curl** [4]	〔kɝl〕	v.	捲曲

20.

‡**custom** [2]	〔'kʌstəm〕	n.	習俗
customary [6]	〔'kʌstəm,ɛrɪ〕	adj.	習慣的
‡**customer** [2]	〔'kʌstəmɚ〕	n.	顧客

customs [5]	〔'kʌstəmz〕	n.	海關
•**cushion** [4]	〔'kʊʃən〕	n.	墊子
‡**curtain** [2]	〔'kɝtn̩〕	n.	窗簾

•**cub** [1]	〔kʌb〕	n.	幼獸
curb [5]	〔kɝb〕	n.	(人行道旁的)邊石
curve [4]	〔kɝv〕	n.	曲線

21.

‡**dad** [1]	(dæd)	n.	爸爸
‡**daddy** [1]	('dædɪ)	n.	爸爸
daffodil [6]	('dæfə,dɪl)	n.	黃水仙
·**dam** [3]	(dæm)	n.	水壩
‡**damage** [2]	('dæmɪdʒ)	v.	損害
·**damn** [4]	(dæm)	v.	詛咒
‡**dance** [1]	(dæns)	v.	跳舞
·**dancer** [1]	('dænsɚ)	n.	舞者
dandruff [6]	('dændrəf)	n.	頭皮屑

22.

‡**danger** [1]	('dendʒɚ)	n.	危險
‡**dangerous** [2]	('dendʒərəs)	adj.	危險的
dart [5]	(dɑrt)	n.	飛鏢
‡**dead** [1]	(dɛd)	adj.	死的
·**deadline** [4]	('dɛd,laɪn)	n.	最後期限
deadly [6]	('dɛdlɪ)	adj.	致命的
‡**deaf** [2]	(dɛf)	adj.	聾的
deafen [3]	('dɛfən)	v.	使聾
‡**death** [1]	(dɛθ)	n.	死亡

23.

•**dare** [3]	(dɛr)	v.	敢
•**dash** [3]	(dæʃ)	v.	猛衝
dazzle [5]	('dæzl)	v.	使目眩
‡**day** [1]	(de)	n.	天
‡**dawn** [2]	(dɔn)	n.	黎明
daybreak [6]	('de,brek)	n.	破曉
deceive [5]	(dɪ'siv)	v.	欺騙
decay [5]	(dɪ'ke)	v.	腐爛
•**decade** [3]	('dɛked)	n.	十年

24.

‡**decide** [1]	(dɪ'saɪd)	v.	決定
‡**decision** [2]	(dɪ'sɪʒən)	n.	決定
decisive [6]	(dɪ'saɪsɪv)	adj.	決定性的
•**declare** [4]	(dɪ'klɛr)	v.	宣佈
•**declaration** [5]	(,dɛklə'reʃən)	n.	宣言
deck [3]	(dɛk)	n.	甲板
decline [6]	(dɪ'klaɪn)	v.	拒絕
‡**decorate** [2]	('dɛkə,ret)	v.	裝飾
•**decoration** [4]	(,dɛkə'reʃən)	n.	裝飾

25.

•defend [4]	(dɪ'fɛnd)	v.	保衛
•defense [4]	(dɪ'fɛns)	n.	防禦
defensive [4]	(dɪ'fɛnsɪv)	adj.	防禦的
•defeat [4]	(dɪ'fit)	v.	打敗
defect [6]	('difɛkt)	n.	瑕疵
deficiency [6]	(dɪ'fɪʃənsɪ)	n.	不足
•define [3]	(dɪ'faɪn)	v.	下定義
•definite [4]	('dɛfənɪt)	adj.	明確的
•definition [3]	(ˌdɛfə'nɪʃən)	n.	定義

26.

‡delay [2]	(dɪ'le)	v.	延遲
delegate [5]	('dɛlə‚get)	n. v.	代表
delegation [5]	(ˌdɛlə'geʃən)	n.	代表團
•delight [4]	(dɪ'laɪt)	n.	高興
•delightful [4]	(dɪ'laɪtfəl)	adj.	令人高興的
delinquent [6]	(dɪ'lɪŋkwənt)	n.	犯罪者
‡delicious [2]	(dɪ'lɪʃəs)	adj.	美味的
•delicate [4]	('dɛləkət)	adj.	細緻的
deliberate [6]	(dɪ'lɪbərɪt)	adj.	故意的

27.

‡**deliver**[2]	(dɪ'lɪvɚ)	v.	遞送
•**delivery**[3]	(dɪ'lɪvərɪ)	n.	遞送
•**demand**[4]	(dɪ'mænd)	v.	要求
democrat[5]	('dɛmə,kræt)	n.	民主主義者
•**democratic**[3]	(,dɛmə'krætɪk)	adj.	民主的
•**democracy**[3]	(də'mɑkrəsɪ)	n.	民主政治
•**demonstrate**[4]	('dɛmən,stret)	v.	示威
•**demonstration**[4]	(,dɛmən'streʃən)	n.	示威
denounce[6]	(dɪ'naʊns)	v.	譴責

28.

•**depart**[4]	(dɪ'pɑrt)	v.	離開
‡**department**[2]	(dɪ'pɑrtmənt)	n.	部門
•**departure**[4]	(dɪ'pɑrtʃɚ)	n.	離開
‡**depend**[2]	(dɪ'pɛnd)	v.	依賴
dependable[4]	(dɪ'pɛndəbl̩)	adj.	可靠的
•**dependent**[4]	(dɪ'pɛndənt)	adj.	依賴的
•**depress**[4]	(dɪ'prɛs)	v.	使沮喪
•**depression**[4]	(dɪ'prɛʃən)	n.	沮喪
deprive[6]	(dɪ'praɪv)	v.	剝奪

29.

descend [6]	(dɪ'sɛnd)	v. 下降
descent [6]	(dɪ'sɛnt)	n. 下降
descendant [6]	(dɪ'sɛndənt)	n. 子孫

‡describe [2]	(dɪ'skraɪb)	v. 描述
·description [3]	(dɪ'skrɪpʃən)	n. 描述
descriptive [5]	(dɪ'skrɪptɪv)	adj. 敘述的

‡design [2]	(dɪ'zaɪn)	v. n. 設計
·designer [3]	(dɪ'zaɪnɚ)	n. 設計師
designate [6]	('dɛzɪg,net)	v. 指定

30.

despair [5]	(dɪ'spɛr)	n. 絕望
despise [5]	(dɪ'spaɪz)	v. 輕視
·desperate [4]	('dɛspərɪt)	adj. 絕望的

destiny [5]	('dɛstənɪ)	n. 命運
destined [6]	('dɛstɪnd)	adj. 注定的
·destination [5]	(,dɛstə'neʃən)	n. 目的地

·destroy [3]	(dɪ'strɔɪ)	v. 破壞
·destruction [4]	(dɪ'strʌkʃən)	n. 破壞
·destructive [5]	(dɪ'strʌktɪv)	adj. 破壞性的

31.

‡detect ²	(dɪ'tɛkt)	v.	偵查
·detective ⁴	(dɪ'tɛktɪv)	n.	偵探
detain ⁶	(dɪ'ten)	v.	拘留
deter ⁶	(dɪ'tɝ)	v.	阻止
·detergent ⁵	(dɪ'tɝdʒənt)	n.	清潔劑
deteriorate ⁶	(dɪ'tɪrɪə,ret)	v.	惡化
·determine ³	(dɪ'tɝmɪn)	v.	決定
·determination ⁴	(dɪ,tɝmə'neʃən)	n.	決心
·detail ³	('ditel)	n.	細節

32.

devalue ⁶	(di'vælju)	v.	使貶值
‡develop ²	(dɪ'vɛləp)	v.	發展
·development ²	(dɪ'vɛləpmənt)	n.	發展
·devise ⁴	(dɪ'vaɪz)	v.	設計
·device ⁴	(dɪ'vaɪs)	n.	裝置
·devil ³	('dɛvl̩)	n.	魔鬼
·devote ⁴	(dɪ'vot)	v.	使致力於
·devotion ⁵	(dɪ'voʃən)	n.	致力
·devour ⁵	(dɪ'vaʊr)	v.	狼吞虎嚥

33.

diagnose [6]	(ˌdaɪəg'noz)	v.	診斷
diagnosis [6]	(ˌdaɪəg'nosɪs)	n.	診斷
diabetes [6]	(ˌdaɪə'bitɪs)	n.	糖尿病
‡dial [2]	('daɪəl)	v.	撥(號)
dialect [5]	('daɪəˌlɛkt)	n.	方言
*dialogue [3]	('daɪəˌlɔg)	n.	對話
‡diamond [2]	('daɪəmənd)	n.	鑽石
diaper [4]	('daɪəpɚ)	n.	尿布
‡diary [2]	('daɪərɪ)	n.	日記

34.

dictate [6]	('dɪktet)	v.	聽寫
dictation [6]	(dɪk'teʃən)	n.	聽寫
dictator [6]	('dɪktetɚ)	n.	獨裁者
*differ [4]	('dɪfɚ)	v.	不同
‡‡different [1]	('dɪfərənt)	adj.	不同的
difference [2]	('dɪfərəns)	n.	不同
differentiate [6]	(ˌdɪfə'rɛnʃɪˌet)	v.	區別
‡‡difficult [1]	('dɪfəˌkʌlt)	adj.	困難的
‡difficulty [2]	('dɪfəˌkʌltɪ)	n.	困難

35.

‡dig¹	﹙dɪg﹚	v. 挖
·digital⁴	﹙'dɪdʒɪtḷ﹚	adj. 數位的
·dignity⁴	﹙'dɪgnətɪ﹚	n. 尊嚴
·digest⁴	﹙daɪ'dʒɛst﹚	v. 消化
·digestion⁴	﹙daɪ'dʒɛstʃən﹚	n. 消化
dilemma⁶	﹙də'lɛmə﹚	n. 困境
·dim³	﹙dɪm﹚	adj. 昏暗的
·dime³	﹙daɪm﹚	n. 一角硬幣
dimension⁶	﹙də'mɛnʃən﹚	n. 尺寸

36.

·dine³	﹙daɪn﹚	v. 用餐
‡dinner¹	﹙'dɪnɚ﹚	n. 晚餐
‡dinosaur²	﹙'daɪnə,sɔr﹚	n. 恐龍
·dip³	﹙dɪp﹚	v. 沾
·diploma⁴	﹙dɪ'plomə﹚	n. 畢業證書
diplomacy⁶	﹙dɪ'ploməsɪ﹚	n. 外交
‡diplomat⁴	﹙'dɪplə,mæt﹚	n. 外交官
diplomatic⁶	﹙,dɪplə'mætɪk﹚	adj. 外交的
diminish⁶	﹙də'mɪnɪʃ﹚	v. 減少

一口氣背 7000 字 ⑤

1.

⁑**direct**¹	(də'rɛkt)	*adj.*	直接的
⁑**direction**²	(də'rɛkʃən)	*n.*	方向
•**director**²	(də'rɛktɚ)	*n.*	導演
directory⁶	(də'rɛktərɪ)	*n.*	電話簿
•**dirt**³	(dɜt)	*n.*	污垢
⁑**dirty**¹	('dɜtɪ)	*adj.*	髒的
disable⁶	(dɪs'ebḷ)	*v.*	使失去能力
disability⁶	(,dɪsə'bɪlətɪ)	*n.*	無能力
•**disadvantage**⁴	(,dɪsəd'væntɪdʒ)	*n.*	缺點

2.

•**disagree**²	(,dɪsə'gri)	*v.*	不同意
•**disagreement**²	(,dɪsə'grimənt)	*n.*	意見不合
⁑**disappear**²	(,dɪsə'pɪr)	*v.*	消失
•**disappoint**³	(,dɪsə'pɔɪnt)	*v.*	使失望
•**disappointment**³	(,dɪsə'pɔɪntmənt)	*n.*	失望
disapprove⁶	(,dɪsə'pruv)	*v.*	不贊成
•**disaster**⁴	(dɪz'æstɚ)	*n.*	災難
disastrous⁶	(dɪz'æstrəs)	*adj.*	悲慘的
disbelief⁵	(,dɪsbə'lif)	*n.*	不信

3.

*discard [5]	(dɪs'kɑrd)	v. 丟棄
discharge [6]	(dɪs'tʃɑrdʒ)	v. 解雇
disciple [5]	(dɪ'saɪpl̩)	n. 弟子
*discipline [4]	('dɪsəplɪn)	n. 紀律
disciplinary [6]	('dɪsəplɪn,ɛrɪ)	adj. 紀律的
disclose [6]	(dɪs'kloz)	v. 洩露
*disco [3]	('dɪsko)	n. 迪斯可舞廳
discomfort [6]	(dɪs'kʌmfət)	n. 不舒服
*disconnect [4]	(,dɪskə'nɛkt)	v. 切斷

4.

*discourage [4]	(dɪs'kɝɪdʒ)	v. 使氣餒
*discouragement [4]	(dɪs'kɝɪdʒmənt)	n. 氣餒
*discount [3]	('dɪskaʊnt)	n. 折扣
‡discover [1]	(dɪ'skʌvə)	v. 發現
*discovery [3]	(dɪ'skʌvərɪ)	n. 發現
discreet [6]	(dɪ'skrit)	adj. 謹慎的
discriminate [5]	(dɪ'skrɪmə,net)	v. 歧視
discrimination [6]	(dɪ,skrɪmə'neʃən)	n. 歧視
*disguise [4]	(dɪs'gaɪz)	v. n. 偽裝

5.

‡**discuss** [2]	(dɪ'skʌs)	v.	討論
‡**discussion** [2]	(dɪ'skʌʃən)	n.	討論
•**disease** [3]	(dɪ'ziz)	n.	疾病
disgrace [6]	(dɪs'gres)	n.	恥辱
disgraceful [6]	(dɪs'gresfəl)	adj.	可恥的
•**disgust** [4]	(dɪs'gʌst)	v.	使厭惡
‡**dish** [1]	(dɪʃ)	n.	盤子
•**disk** [3]	(dɪsk)	n.	光碟
dismantle [6]	(dɪs'mæntl̩)	v.	拆除

6.

dispense [5]	(dɪ'spɛns)	v.	分發
dispensable [6]	(dɪ'spɛnsəbl̩)	adj.	可有可無的
dispatch [6]	(dɪ'spætʃ)	v.	派遣
dispose [5]	(dɪ'spoz)	v.	處置
disposal [6]	(dɪ'spozl̩)	n.	處理
disposable [6]	(dɪ'spozəbl̩)	adj.	用完即丟
•**display** [2]	(dɪ'sple)	v. n.	展示
displace [6]	(dɪs'ples)	v.	取代
displease [6]	(dɪs'pliz)	v.	使不高興

7.

dissuade [6]	(dɪ'swed)	v.	勸阻
dissolve [6]	(dɪ'zɑlv)	v.	溶解
dissident [6]	('dɪsədənt)	n.	意見不同者
‡**distant** [2]	('dɪstənt)	adj.	遙遠的
‡**distance** [2]	('dɪstəns)	n.	距離
•**disturb** [4]	(dɪ'stɝb)	v.	打擾
•**distinct** [4]	(dɪ'stɪŋkt)	adj.	不同的
distinctive [5]	(dɪ'stɪŋktɪv)	adj.	獨特的
•**distinction** [5]	(dɪ'stɪŋkʃən)	n.	差別

8.

•**dive** [3]	(daɪv)	v.	潛水
divert [6]	(daɪ'vɝt)	v.	轉移
diversion [6]	(daɪ'vɝʒən)	n.	轉移
diverse [6]	(daɪ'vɝs)	adj.	各種的
diversify [6]	(daɪ'vɝsə،faɪ)	v.	使多樣化
diversity [6]	(daɪ'vɝsətɪ)	n.	多樣性
‡**divide** [2]	(də'vaɪd)	v.	劃分
•**division** [2]	(də'vɪʒən)	n.	劃分
‡**divine** [4]	(də'vaɪn)	adj.	神聖的

9.

*dock³	(dak)	*n.*	碼頭
‡doctor¹	('daktə)	*n.*	醫生
doctrine⁶	('daktrɪn)	*n.*	教條
*document⁵	('dakjəmənt)	*n.*	文件
documentary⁶	(,dakjə'mɛntərɪ)	*n.*	記錄片
*dodge³	(dadʒ)	*v. n.*	躲避
‡doll¹	(dal)	*n.*	洋娃娃
‡‡dollar¹	('dalə)	*n.*	元
‡dolphin²	('dalfɪn)	*n.*	海豚

10.

donate⁶	('donet)	*v.*	捐贈
donation⁶	(do'neʃən)	*n.*	捐贈
donor⁶	('donə)	*n.*	捐贈者
*dominate⁴	('damə,net)	*v.*	控制
*dominant⁴	('damənənt)	*adj.*	支配的
*domestic³	(də'mɛstɪk)	*adj.*	國內的
dome⁶	(dom)	*n.*	圓頂
doom⁶	(dum)	*v.*	註定
‡donkey²	('daŋkɪ)	*n.*	驢子

11.

doorstep⁵	('dɔr,stɛp)	*n.*	門階
doorway⁵	('dɔr,we)	*n.*	門口
•**dormitory**⁴·⁵	('dɔrmə,torɪ)	*n.*	宿舍
•**dose**³	(dos)	*n.*	(藥的)一劑
dosage⁶	('dosɪdʒ)	*n.*	劑量
dough⁵	(do)	*n.*	麵糰
‡**doughnut**²	('do,nʌt)	*n.*	甜甜圈
‡**doubt**²	(daʊt)	*v. n.*	懷疑
•**doubtful**³	('daʊtfəl)	*adj.*	懷疑的

12.

•**drag**²	(dræg)	*v.*	拖
‡**dragon**²	('drægən)	*n.*	龍
•**dragonfly**²	('drægən,flaɪ)	*n.*	蜻蜓
•**drain**³	(dren)	*n.*	排水溝
‡**drama**²	('drɑmə)	*n.*	戲劇
•**dramatic**³	(drə'mætɪk)	*adj.*	戲劇的
‡**draw**¹	(drɔ)	*v.*	拉
•**drawer**²	(drɔr)	*n.*	抽屜
drawback⁶	('drɔ,bæk)	*n.*	缺點

13.

‡**dress** [2]	(drɛs)	n. 衣服
dresser [5]	('drɛsə)	n. 梳妝台
dressing [5]	('drɛsɪŋ)	n. 調味醬
·**dread** [4]	(drɛd)	v. 害怕
·**dreadful** [5]	('drɛdfəl)	adj. 可怕的
·**drawing** [2]	('drɔɪŋ)	n. 圖畫
‡**dream** [1]	(drim)	n. 夢
dreary [6]	('drɪrɪ)	adj. (天氣)陰沉的
·**drift** [4]	(drɪft)	v. 漂流

14.

‡**drive** [1]	(draɪv)	v. 開車
‡**driver** [1]	('draɪvə)	n. 駕駛人
driveway [5]	('draɪv,we)	n. 私人車道
‡**drink** [1]	(drɪŋk)	v. 喝
·**drill** [4]	(drɪl)	n. 鑽孔機
·**drip** [3]	(drɪp)	v. 滴下
drizzle [6]	('drɪzḷ)	v. 下毛毛雨
‡**drop** [2]	(drɑp)	v. 落下
drought [6]	(draʊt)	n. 乾旱

15.

‡**duck**¹	〔 dʌk 〕	*n.* 鴨子
***duckling**¹	〔'dʌklɪŋ 〕	*n.* 小鴨
***dull**²	〔 dʌl 〕	*adj.* 遲鈍的
‡**dumb**²	〔 dʌm 〕	*adj.* 啞的
***dump**³	〔 dʌmp 〕	*v. n.* 傾倒
‡**dumpling**²	〔'dʌmplɪŋ 〕	*n.* 水餃
dusk⁵	〔 dʌsk 〕	*n.* 黃昏
***dust**³	〔 dʌst 〕	*n.* 灰塵
dusty⁴	〔'dʌstɪ 〕	*adj.* 滿是灰塵的

16.

‡**earn**²	〔 ɜn 〕	*v.* 賺
***earnest**⁴	〔'ɜnɪst 〕	*adj.* 認真的
‡**earnings**³	〔'ɜnɪŋz 〕	*n. pl.* 收入
***economy**⁴	〔 ɪ'kɑnəmɪ 〕	*n.* 經濟
***economist**⁴	〔 ɪ'kɑnəmɪst 〕	*n.* 經濟學家
***economic**⁴	〔,ikə'nɑmɪk 〕	*adj.* 經濟的
***economical**⁴	〔,ikə'nɑmɪkl̩ 〕	*adj.* 節省的
***economics**⁴	〔,ikə'nɑmɪks 〕	*n.* 經濟學
eclipse⁵	〔 ɪ'klɪps 〕	*n.* (日、月)蝕

17.

*edit ³	('ɛdɪt)	v. 編輯
*editor ³	('ɛdɪtə)	n. 編輯
*edition ³	(ɪ'dɪʃən)	n. (發行物的)版
*educate ³	('ɛdʒə,ket)	v. 教育
‡education ²	(,ɛdʒə'keʃən)	n. 教育
*educational ³	(,ɛdʒə'keʃən!)	adj. 教育的
‡edge ¹	(ɛdʒ)	n. 邊緣
*edible ⁶	('ɛdəb!)	adj. 可以吃的
editorial ⁶	(,ɛdə'torɪəl)	n. 社論

18.

‡elect ²	(ɪ'lɛkt)	v. 選舉
*election ³	(ɪ'lɛkʃən)	n. 選舉
‡electric ³	(ɪ'lɛktrɪk)	adj. 電的
*electrical ³	(ɪ'lɛktrɪk!)	adj. 與電有關的
*electrician ⁴	(ɪ,lɛk'trɪʃən)	n. 電工
*electricity ³	(ɪ,lɛk'trɪsətɪ)	n. 電
electron ⁶	(ɪ'lɛktran)	n. 電子
*electronic ³	(ɪ,lɛk'tranɪk)	adj. 電子的
*electronics ⁴	(ɪ,lɛk'tranɪks)	n. 電子學

19.

*elegant⁴	('ɛləgənt)	adj.	優雅的
*element²	('ɛləmənt)	n.	要素
*elementary⁴	(ˌɛlə'mɛntərɪ)	adj.	基本的
‡elephant¹	('ɛləfənt)	n.	大象
elevate⁵	('ɛləˌvet)	v.	提高
*elevator²	('ɛləˌvetɚ)	n.	電梯
eligible⁶	('ɛlɪdʒəbḷ)	adj.	有資格的
eloquent⁶	('ɛləkwənt)	adj.	口才好的
eloquence⁶	('ɛləkwəns)	n.	口才

20.

embark⁶	(ɪm'bɑrk)	v.	搭乘
‡embarrass⁴	(ɪm'bærəs)	v.	使尷尬
*embarrassment⁴	(ɪm'bærəsmənt)	n.	尷尬
*emerge⁴	(ɪ'mɝdʒ)	v.	出現
*emergency³	(ɪ'mɝdʒənsɪ)	n.	緊急情況
*embassy⁴	('ɛmbəsɪ)	n.	大使館
emigrate⁶	('ɛməˌgret)	v.	移出
emigrant⁶	('ɛməgrənt)	n.	(移出的)移民
emigration⁶	(ˌɛmə'greʃən)	n.	移出

21.

‡**emphasize** ³	('εmfə,saɪz)	v.	強調
·**emphasis** ⁴	('εmfəsɪs)	n.	強調
emphatic ⁶	(ɪm'fætɪk)	adj.	強調的

·**empire** ⁴	('εmpaɪr)	n.	帝國
·**emperor** ³	('εmpərɚ)	n.	皇帝
‡**employ** ³	(ɪm'plɔɪ)	v.	雇用

·**employee** ³	(,εmplɔɪ'i)	n.	員工
·**employer** ³	(ɪm'plɔɪɚ)	n.	雇主
·**employment** ³	(ɪm'plɔɪmənt)	n.	雇用

22.

·**enable** ³	(ɪn'ebl̩)	v.	使能夠
enact ⁶	(ɪn'ækt)	v.	制定
enactment ⁶	(ɪn'æktmənt)	n.	(法律的)制定

·**enclose** ⁴	(ɪn'kloz)	v.	(隨函)附寄
enclosure ⁶	(ɪn'kloʒɚ)	n.	附寄物
·**encounter** ⁴	(ɪn'kaʊntɚ)	v.	遭遇

·**encourage** ²	(ɪn'kɝɪdʒ)	v.	鼓勵
·**encouragement** ²	(ɪn'kɝɪdʒmənt)	n.	鼓勵
encyclopedia ⁶	(ɪn,saɪklə'pidɪə)	n.	百科全書

23.

•endure [4]	(ɪn'djʊr)	v. 忍受
endurance [6]	(ɪn'djʊrəns)	n. 忍耐
endeavor [5]	(ɪn'dɛvə)	v. n. 努力

‡energy [2]	('ɛnədʒɪ)	n. 活力
‡energetic [3]	(ˌɛnə'dʒɛtɪk)	adj. 充滿活力的
‡enemy [2]	('ɛnəmɪ)	n. 敵人

•enforce [4]	(ɪn'fors)	v. 執行
•enforcement [4]	(ɪn'forsmənt)	n. 實施
•endanger [4]	(ɪn'dendʒə)	v. 危害

24.

‡engine [3]	('ɛndʒən)	n. 引擎
‡engineer [3]	(ˌɛndʒə'nɪr)	n. 工程師
•engineering [4]	(ˌɛndʒə'nɪrɪŋ)	n. 工程學

•engage [3]	(ɪn'gedʒ)	v. 從事
•engagement [3]	(ɪn'gedʒmənt)	n. 訂婚

enhance [6]	(ɪn'hæns)	v. 提高
enhancement [6]	(ɪn'hænsmənt)	n. 提高

‡‡enjoy [2]	(ɪn'dʒɔɪ)	v. 享受
•enjoyable [3]	(ɪn'dʒɔɪəbḷ)	adj. 令人愉快的

25.

*enlarge⁴	(ɪnˈlɑrdʒ)	v. 擴大
*enlargement⁴	(ɪnˈlɑrdʒmənt)	n. 擴大
*enormous⁴	(ɪˈnɔrməs)	adj. 巨大的
enlighten⁶	(ɪnˈlaɪtṇ)	v. 啓蒙
enlightenment⁶	(ɪnˈlaɪtṇmənt)	n. 啓發
enrich⁶	(ɪnˈrɪtʃ)	v. 使豐富
enrichment⁶	(ɪnˈrɪtʃmənt)	n. 豐富
enroll⁵	(ɪnˈrol)	v. 登記
enrollment⁵	(ɪnˈrolmənt)	n. 登記

26.

‡enter¹	(ˈɛntɚ)	v. 進入
enterprise⁵	(ˈɛntɚˌpraɪz)	n. 企業
*entry³	(ˈɛntrɪ)	n. 進入
‡entrance²	(ˈɛntrəns)	n. 入口
*entertain⁴	(ˌɛntɚˈten)	v. 娛樂
*entertainment⁴	(ˌɛntɚˈtenmənt)	n. 娛樂
*entire²	(ɪnˈtaɪr)	adj. 整個的
entitle⁵	(ɪnˈtaɪtḷ)	v. 將…命名爲
*enthusiastic⁵	(ɪnˌθjuzɪˈæstɪk)	adj. 熱心的

27.

*equal [1]	('ikwəl)	*adj.*	相等的
equivalent [6]	(ɪ'kwɪvələnt)	*adj.*	相等的
*equality [4]	(ɪ'kwɑlətɪ)	*n.*	相等
equate [5]	(ɪ'kwet)	*v.*	把⋯視為同等
equation [6]	(ɪ'kweʃən)	*n.*	方程式
equator [6]	(ɪ'kwetə)	*n.*	赤道
*equip [4]	(ɪ'kwɪp)	*v.*	裝備
*equipment [4]	(ɪ'kwɪpmənt)	*n.*	設備
EQ [6]	(ˌi'kju)	*n.*	情緒商數

28.

*erase [3]	(ɪ'res)	*v.*	擦掉
‡eraser [2]	(ɪ'resə)	*n.*	橡皮擦
*era [4]	('ɪrə)	*n.*	時代
erupt [5]	(ɪ'rʌpt)	*v.*	爆發
eruption [6]	(ɪ'rʌpʃən)	*n.*	爆發
erect [5]	(ɪ'rɛkt)	*v.*	豎立
*errand [4]	('ɛrənd)	*n.*	差事
‡error [2]	('ɛrə)	*n.*	錯誤
erode [6]	(ɪ'rod)	*v.*	侵蝕

29.

escort [5]	('ɛskɔrt)	*n.*	護送者
escalate [6]	('ɛskə,let)	*v.*	逐漸擴大
*escalator [4]	('ɛskə,letə)	*n.*	電扶梯

*essay [4]	('ɛse)	*n.*	文章
essence [6]	('ɛsn̩s)	*n.*	本質
essential [4]	(ə'sɛnʃəl)	*adj.*	必要的

*establish [4]	(ə'stæblɪʃ)	*v.*	建立
*establishment [4]	(ə'stæblɪʃmənt)	*n.*	建立
estate [5]	(ə'stet)	*n.*	地產

30.

‡eve [4]	(iv)	*n.*	(節日的)前夕
‡event [2]	(ɪ'vɛnt)	*n.*	事件
*eventual [4]	(ɪ'vɛntʃuəl)	*adj.*	最後的

evacuate [6]	(ɪ'vækju,et)	*v.*	疏散
*evaluate [4]	(ɪ'vælju,et)	*v.*	評估
*evaluation [4]	(ɪ,vælju'eʃən)	*n.*	評價

‡evil [3]	('ivl̩)	*adj.*	邪惡的
*evident [4]	('ɛvədənt)	*adj.*	明顯的
*evidence [4]	('ɛvədəns)	*n.*	證據

31.

*exact ²	〔ɪg'zækt〕	adj. 精確的
*exaggerate ⁴	〔ɪg'zædʒə,ret〕	v. 誇大
*exaggeration ⁵	〔ɪg,zædʒə'reʃən〕	n. 誇大

‡exam ¹	〔ɪg'zæm〕	n. 考試
*examination ¹	〔ɪg,zæmə'neʃən〕	n. 考試
*examine ¹	〔ɪg'zæmɪn〕	v. 檢查

*examiner ⁴	〔ɪg'zæmɪnə〕	n. 主考官
*examinee ⁴	〔ɪg,zæmə'ni〕	n. 應試者
‡example ¹	〔ɪg'zæmpḷ〕	n. 例子

32.

excel ⁵	〔ɪk'sɛl〕	v. 擅長
‡excellent ²	〔'ɛksḷənt〕	adj. 優秀的
*excellence ³	〔'ɛksḷəns〕	n. 優秀

‡except ¹	〔ɪk'sɛpt〕	prep. 除了
*exception ⁴	〔ɪk'sɛpʃən〕	n. 例外
*exceptional ⁵	〔ɪk'sɛpʃənḷ〕	adj. 例外的

exceed ⁵	〔ɪk'sid〕	v. 超過
excess ⁵	〔ɪk'sɛs〕	n. 超過
excessive ⁶	〔ɪk'sɛsɪv〕	adj. 過度的

33.

‡excite [2]	(ɪk'saɪt)	v. 使興奮
·excitement [2]	(ɪk'saɪtmənt)	n. 興奮
·exchange [3]	(ɪks'tʃendʒ)	v. 交換
exclude [5]	(ɪk'sklud)	v. 排除
exclusive [6]	(ɪk'sklusɪv)	adj. 獨家的
exclaim [5]	(ɪk'sklem)	v. 大叫
execute [5]	('ɛksɪ,kjut)	v. 執行
execution [6]	(,ɛksɪ'kjuʃən)	n. 執行
executive [5]	(ɪg'zɛkjutɪv)	n. 主管

34.

‡exist [2]	(ɪg'zɪst)	v. 存在
·existence [3]	(ɪg'zɪstəns)	n. 存在
‡exit [3]	('ɛgzɪt)	n. 出口
·exhibit [4]	(ɪg'zɪbɪt)	v. 展示
·exhibition [3]	(,ɛksə'bɪʃən)	n. 展覽會
·exhaust [4]	(ɪg'zɔst)	v. 使精疲力盡
‡exercise [2]	('ɛksə,saɪz)	v. n. 運動
exert [6]	(ɪg'zɝt)	v. 運用
exotic [6]	(ɪg'zɑtɪk)	adj. 有異國風味的

35.

‡expect[2]	(ɪk'spɛkt)	v. 期待
·expectation[3]	(,ɛkspɛk'teʃən)	n. 期望
expedition[6]	(,ɛkspɪ'dɪʃən)	n. 探險
·expense[3]	(ɪk'spɛns)	n. 費用
‡expensive[2]	(ɪk'spɛnsɪv)	adj. 昂貴的
expel[6]	(ɪk'spɛl)	v. 驅逐
·experiment[3]	(ɪk'spɛrəmənt)	n. 實驗
·experimental[4]	(ɪk,spɛrə'mɛntḷ)	adj. 實驗的
‡experience[2]	(ɪk'spɪrɪəns)	n. 經驗

36.

·expand[4]	(ɪk'spænd)	v. 擴大
·expansion[4]	(ɪk'spænʃən)	n. 擴大
‡explain[2]	(ɪk'splen)	v. 解釋
·explode[3]	(ɪk'splod)	v. 爆炸
·explosion[4]	(ɪk'sploʒən)	n. 爆炸
·explosive[4]	(ɪk'splosɪv)	adj. 爆炸性的
·explore[4]	(ɪk'splor)	v. 在…探險
exploration[6]	(,ɛksplə'reʃən)	n. 探險
exploit[6]	(ɪk'splɔɪt)	v. 開發

一口氣背 7000 字 ⑥

1.

·**expose** [4]	(ɪk'spoz)	*v.*	暴露
·**exposure** [4]	(ɪk'spoʒɚ)	*n.*	暴露
‡**export** [3]	(ɪks'port)	*v.*	出口
‡**express** [2]	(ɪk'sprɛs)	*v.*	表達
‡**expression** [3]	(ɪk'sprɛʃən)	*n.*	表達
expressive [3]	(ɪk'sprɛsɪv)	*adj.*	表達的
‡**expire** [6]	(ɪk'spaɪr)	*v.*	到期
expiration [6]	(ˌɛkspə'reʃən)	*n.*	期滿
exquisite [6]	(ɪk'skwɪzɪt)	*adj.*	精緻的

2.

·**extend** [4]	(ɪk'stɛnd)	*v.*	延伸
·**extension** [5]	(ɪk'stɛnʃən)	*n.*	延伸
·**extensive** [5]	(ɪk'stɛnsɪv)	*adj.*	大規模的
exterior [5]	(ɪk'stɪrɪɚ)	*adj.*	外表的
external [5]	(ɪk'stɜnḷ)	*adj.*	外部的
·**extent** [4]	(ɪk'stɛnt)	*n.*	程度
extinct [5]	(ɪk'stɪŋkt)	*adj.*	絕種的
extract [6]	(ɪk'strækt)	*v.*	拔出
extracurricular [6]	(ˌɛkstrəkə'rɪkjələ)	*adj.*	課外的

3.

*fable⁴	(ˈfebḷ)	n. 寓言
fabric⁵	(ˈfæbrɪk)	n. 布料
fabulous⁶	(ˈfæbjələs)	adj. 極好的

facial⁴	(ˈfeʃəl)	adj. 臉部的
*facility⁴	(fəˈsɪlətɪ)	n. 設備
facilitate⁶	(fəˈsɪlə͵tet)	v. 使便利

‡fact¹	(fækt)	n. 事實
faction⁵	(ˈfækʃən)	n. 派系
*factor³	(ˈfæktə)	n. 因素

4.

‡fail²	(fel)	v. 失敗
*failure²	(ˈfeljə)	n. 失敗
*fade³	(fed)	v. 褪色

fair²	(fɛr)	adj. 公平的
*fairly³	(ˈfɛrlɪ)	adv. 公平地
*fairy³	(ˈfɛrɪ)	n. 仙女

*faith³	(feθ)	n. 信念
*faithful⁴	(ˈfeθfəl)	adj. 忠實的
*fake³	(fek)	adj. 假的

5.

‡**family** 1 (´fæməlɪ) n. 家庭
·**familiar** 3 (fə´mɪljə) adj. 熟悉的
　familiarity 6 (fə,mɪlɪ´ærətɪ) n. 熟悉

·**fame** 4 (fem) n. 名聲
‡**famous** 2 (´feməs) adj. 有名的
　famine 6 (´fæmɪn) n. 飢荒

‡**fall** 1 (fɔl) v. 落下
‡**false** 1 (fɔls) adj. 錯誤的
　falter 5 (´fɔltə) v. 搖晃

6.

‡**fan** 3,1 (fæn) n. (影、歌、球)迷
‡**fancy** 3 (´fænsɪ) adj. 花俏的
·**fantasy** 4 (´fæntəsɪ) n. 幻想

·**fare** 3 (fɛr) n. 車資
·**farewell** 4 (,fɛr´wɛl) n. 告別
‡**fantastic** 4 (fæn´tæstɪk) adj. 極好的

‡**farm** 1 (fɑrm) n. 農田
‡**farmer** 1 (´fɑrmə) n. 農夫
·**farther** 3 (´fɑrðə) adj. 更遠的

7.

·fate³	〔 fet 〕	n. 命運
·fatal⁴	〔'fetl̩ 〕	adj. 致命的
fatigue⁵	〔fə'tig 〕	n. 疲勞
·favor²	〔'fevɚ 〕	n. 恩惠
·favorable⁴	〔'fevərəbl̩ 〕	adj. 有利的
‡favorite²	〔'fevərɪt 〕	adj. 最喜愛的
‡fault²	〔 fɔlt 〕	n. 過錯
‡faucet³	〔'fɔsɪt 〕	n. 水龍頭
·fax³	〔 fæks 〕	v. 傳眞

8.

*fear¹	〔 fɪr 〕	n. 恐懼
fearful²	〔'fɪrfəl 〕	adj. 害怕的
feasible⁶	〔'fizəbl̩ 〕	adj. 可實行的
·feast⁴	〔 fist 〕	n. 盛宴
·feature³	〔'fitʃɚ 〕	n. 特色
·feather³	〔'fɛðɚ 〕	n. 羽毛
‡February¹	〔'fɛbjuˌɛrɪ 〕	n. 二月
federal⁵	〔'fɛdərəl 〕	adj. 聯邦的
federation⁶	〔ˌfɛdə'reʃən 〕	n. 聯邦政府

9.

*fertile [4]	('fɜtl̩)	adj. 肥沃的
fertility [6]	(fɜ'tɪlətɪ)	n. 肥沃
*fertilizer [5]	('fɜtl̩͵aɪzə)	n. 肥料
‡female [2]	('fimel)	n. 女性
feminine [5]	('fɛmənɪn)	adj. 女性的
‡fence [2]	(fɛns)	n. 籬笆
*fetch [4]	(fɛtʃ)	v. 拿來
‡festival [2]	('fɛstəvl̩)	n. 節日
*ferry [4]	('fɛrɪ)	n. 渡輪

10.

fiancé [5]	(fi'anse)	n. 未婚夫
fiancée [5]	(fi'anse)	n. 未婚妻
fiber [5]	('faɪbə)	n. 纖維
fiddle [5]	('fɪdl̩)	n. 小提琴
fidelity [6]	(fə'dɛlətɪ)	n. 忠實
*fiction [4]	('fɪkʃən)	n. 小說
*field [2]	(fild)	n. 田野
*fierce [4]	(fɪrs)	adj. 兇猛的
*figure [2]	('fɪgjə)	n. 數字

11.

‡**final** [1]	('faɪn̩)	adj. 最後的
•**finance** [4]	('faɪnæns)	n. 財務
•**financial** [4]	(faɪ'nænʃəl)	adj. 財務的
‡**fire** [1]	(faɪr)	n. 火
•**firecrackers** [4]	('faɪr,krækəz)	n. pl. 鞭炮
fireman [2]	('faɪrmən)	n. 消防隊員
•**fireplace** [4]	('faɪr,ples)	n. 壁爐
fireproof [6]	('faɪr'pruf)	adj. 防火的
•**firework** [3]	('faɪr,wɝk)	n. 煙火

12.

‡**flag** [2]	(flæg)	n. 旗子
•**flash** [2]	(flæʃ)	n. 閃光
•**flashlight** [2]	('flæʃ,laɪt)	n. 閃光燈
•**flat** [2]	(flæt)	adj. 平的
•**flatter** [4]	('flætə)	v. 奉承
•**flavor** [3]	('flevə)	n. 口味
flake [5]	(flek)	n. 薄片
•**flame** [3]	(flem)	n. 火焰
flare [6]	(flɛr)	v. (火光)閃耀

13.

•**flea** [3]	〔 fli 〕	n. 跳蚤
•**flee** [4]	〔 fli 〕	v. 逃走
fleet [6]	〔 flit 〕	n. 艦隊
•**flesh** [3]	〔 flɛʃ 〕	n. 肉
•**flexible** [4]	〔'flɛksəbḷ 〕	adj. 有彈性的
flaw [5]	〔 flɔ 〕	n. 瑕疵
flick [5]	〔 flɪk 〕	n. v. 輕彈
flicker [6]	〔'flɪkɚ 〕	v. 閃爍不定
fling [6]	〔 flɪŋ 〕	v. 扔

14.

‡**flower** [1]	〔'flaʊɚ 〕	n. 花
•**flour** [2]	〔 flaʊr 〕	n. 麵粉
flourish [5]	〔'flɝɪʃ 〕	v. 繁榮
•**flu** [2]	〔 flu 〕	n. 流行性感冒
fluent [4]	〔'fluənt 〕	adj. 流利的
fluency [5]	〔'fluənsɪ 〕	n. 流利
fluid [6]	〔'fluɪd 〕	n. 液體
•**flute** [2]	〔 flut 〕	n. 笛子
flutter [6]	〔'flʌtɚ 〕	v. 拍動(翅膀)

15.

·**fog** [1]	(fɔg)	n. 霧
‡**foggy** [2]	('fɑgɪ)	adj. 多霧的
foe [5]	(fo)	n. 敵人
·**fold** [3]	(fold)	v. 摺疊
·**folk** [3]	(fok)	n. 人們
folklore [5]	('fok,lor)	n. 民間傳說
‡**follow** [1]	('falo)	v. 跟隨
·**follower** [3]	('faloɚ)	n. 信徒
·**following** [2]	('faləwɪŋ)	adj. 下列的

16.

·**forecast** [4]	('for,kæst)	n. 預測
foresee [6]	(for'si)	v. 預料
·**forehead** [3]	('for,hɛd)	n. 額頭
‡**foreign** [1]	('fɔrɪn)	adj. 外國的
‡**foreigner** [2]	('fɔrɪnɚ)	n. 外國人
‡**forest** [1]	('fɔrɪst)	n. 森林
‡**forget** [1]	(fɚ'gɛt)	v. 忘記
·**forgetful** [5]	(fɚ'gɛtfəl)	adj. 健忘的
‡**forgive** [2]	(fɚ'gɪv)	v. 原諒

17.

‡**form** [2]	(fɔrm)	v. 形成
‡**former** [2]	('fɔrmɚ)	n. 前者
‡**formal** [2]	('fɔrml̩)	adj. 正式的
format [5]	('fɔrmæt)	n. 格式
·**formation** [4]	(fɔr'meʃən)	n. 形成
formidable [6]	('fɔrmɪdəbl̩)	adj. 可怕的
·**formula** [4]	('fɔrmjələ)	n. 公式
formulate [6]	('fɔrmjə,let)	v. 使公式化
forsake [6]	(fɚ'sek)	v. 拋棄

18.

·**fort** [4]	(fɔrt)	n. 堡壘
·**forth** [3]	(forθ)	adv. 向前
forthcoming [6]	('forθ'kʌmɪŋ)	adj. 即將出現的
fortify [6]	('fɔrtə,faɪ)	v. 強化
·**fortune** [3]	('fɔrtʃən)	n. 運氣
·**fortunate** [4]	('fɔrtʃənɪt)	adj. 幸運的
‡**forty** [1]	('fɔrtɪ)	n. 四十
‡**fourteen** [1]	('fɔr'tin)	n. 十四
·**forward** [2]	('fɔrwɚd)	adv. 向前

19.

·**found**[3]	〔faʊnd〕	v.	建立
·**foundation**[4]	〔faʊn'deʃən〕	n.	建立
·**founder**[4]	〔'faʊndɚ〕	n.	創立者
foul[5]	〔faʊl〕	adj.	有惡臭的
fowl[5]	〔faʊl〕	n.	鳥
·**fountain**[3]	〔'faʊntn̩〕	n.	噴泉
‡**fox**[2]	〔faks〕	n.	狐狸
fossil[4]	〔'fasl̩〕	n.	化石
foster[6]	〔'fastɚ〕	adj.	收養的

20.

fraction[5]	〔'frækʃən〕	n.	小部分
fracture[6]	〔'fræktʃɚ〕	n.	骨折
fragile[6]	〔'frædʒəl〕	adj.	易碎的
fragrant[4]	〔'fregrənt〕	adj.	芳香的
·**fragrance**[4]	〔'fregrəns〕	n.	芳香
fragment[6]	〔'frægmənt〕	n.	碎片
frail[6]	〔frel〕	adj.	虛弱的
·**frame**[4]	〔frem〕	n.	框架
framework[5]	〔'frem,wɝk〕	n.	骨架

21.

‡**frank** [2]	〔 fræŋk 〕	*adj.* 坦白的
frantic [5]	〔 'fræntɪk 〕	*adj.* 發狂的
fraud [6]	〔 frɔd 〕	*n.* 詐欺
‡**free** [1]	〔 fri 〕	*adj.* 自由的
‡**freedom** [2]	〔 'fridəm 〕	*n.* 自由
•**freeway** [4]	〔 'fri,we 〕	*n.* 高速公路
•**freeze** [3]	〔 friz 〕	*v.* 結冰
‡**freezer** [2]	〔 'frizə 〕	*n.* 冷凍庫
freight [5]	〔 fret 〕	*n.* 貨物

22.

‡**friend** [1]	〔 frɛnd 〕	*n.* 朋友
‡**friendly** [2]	〔 'frɛndlɪ 〕	*adj.* 友善的
‡**friendship** [3]	〔 'frɛndʃɪp 〕	*n.* 友誼
•**fright** [2]	〔 fraɪt 〕	*n.* 驚嚇
‡**frighten** [2]	〔 'fraɪtn̩ 〕	*v.* 使驚嚇
‡**Friday** [1]	〔 'fraɪdɪ 〕	*n.* 星期五
‡**front** [1]	〔 frʌnt 〕	*n.* 前面
frontier [5]	〔 frʌn'tɪr 〕	*n.* 邊境
‡**frog** [1]	〔 frɑg 〕	*n.* 青蛙

23.

•**frustrate** [3]	(ˈfrʌstret)	v.	使受挫折
•**fulfill** [4]	(fʊlˈfɪl)	v.	實現
•**fulfillment** [4]	(fʊlˈfɪlmənt)	n.	實現
‡**fun** [1]	(fʌn)	n.	樂趣
•**function** [2]	(ˈfʌŋkʃən)	n.	功能
•**functional** [4]	(ˈfʌŋkʃənl̩)	adj.	功能的
•**fund** [3]	(fʌnd)	n.	資金
•**fundamental** [4]	(ˌfʌndəˈmɛntl̩)	adj.	基本的
‡**funny** [1]	(ˈfʌnɪ)	adj.	好笑的

24.

•**fur** [3]	(fɝ)	n.	毛皮
•**furnish** [4]	(ˈfɝnɪʃ)	v.	裝置家具
‡**furniture** [3]	(ˈfɝnɪtʃɚ)	n.	傢俱
fury [5]	(ˈfjʊrɪ)	n.	憤怒
•**furious** [4]	(ˈfjʊrɪəs)	adj.	狂怒的
‡**future** [2]	(ˈfjutʃɚ)	n.	未來
•**further** [2]	(ˈfɝðɚ)	adj.	更進一步的
•**furthermore** [4]	(ˈfɝðɚˌmor)	adv.	此外
fuss [5]	(fʌs)	n.	大驚小怪

25.

*gallon ³	('gælən)	n. 加侖
gallop ⁵	('gæləp)	v. 疾馳
*gallery ⁴	('gælərɪ)	n. 畫廊
*gang ³	(gæŋ)	n. 幫派
*gangster ⁴	('gæŋstɚ)	n. 歹徒
*gamble ³	('gæmbl̩)	v. 賭博
‡garden ¹	('gɑrdn̩)	n. 花園
*gardener ²	('gɑrdnɚ)	n. 園丁
garbage ²	('gɑrbɪdʒ)	n. 垃圾

26.

*garlic ³	('gɑrlɪk)	n. 大蒜
garment ⁵	('gɑrmənt)	n. 衣服
‡garage ²	(gə'rɑʒ)	n. 車庫
‡gas ¹	(gæs)	n. 瓦斯
*gasoline ³	('gæsl̩͵in)	n. 汽油
gasp ⁵	(gæsp)	v. 喘氣
‡gate ²	(get)	n. 大門
‡gather ²	('gæðɚ)	v. 聚集
gathering ⁵	('gæðərɪŋ)	n. 聚會

27.

*general [1,2]	('dʒɛnərəl)	adj.	一般的
generalize [6]	('dʒɛnərəl,aɪz)	v.	歸納
gender [5]	('dʒɛndɚ)	n.	性別
generate [6]	('dʒɛnə,ret)	v.	產生
*generation [4]	(,dʒɛnə'reʃən)	n.	一代
generator [6]	('dʒɛnə,retɚ)	n.	發電機
*generous [2]	('dʒɛnərəs)	adj.	慷慨的
*generosity [4]	(,dʒɛnə'rɑsətɪ)	n.	慷慨
*gene [4]	(dʒin)	n.	基因

28.

*gentle [2]	('dʒɛntḷ)	adj.	溫柔的
*gentleman [2]	('dʒɛntḷmən)	n.	紳士
*genuine [4]	('dʒɛnjuɪn)	adj.	真正的
*genius [4]	('dʒinjəs)	n.	天才
genetic [6]	(dʒə'nɛtɪk)	adj.	遺傳的
genetics [6]	(dʒə'nɛtɪks)	n.	遺傳學
geometry [5]	(dʒi'ɑmətrɪ)	n.	幾何學
*geography [2]	(dʒi'ɑgrəfɪ)	n.	地理學
geographical [5]	(,dʒiə'græfɪkḷ)	adj.	地理的

29.

‡**gift** [1]	〔 gɪft 〕	*n.* 禮物
•**gifted** [4]	〔 'gɪftɪd 〕	*adj.* 有天份的
‡**giant** [2]	〔 'dʒaɪənt 〕	*n.* 巨人
•**gigantic** [4]	〔 dʒaɪ'gæntɪk 〕	*adj.* 巨大的
•**giggle** [4]	〔 'gɪgḷ 〕	*v.* 咯咯地笑
•**ginger** [4]	〔 'dʒɪndʒɚ 〕	*n.* 薑
•**germ** [4]	〔 dʒɝm 〕	*n.* 病菌
‡**gesture** [3]	〔 'dʒɛstʃɚ 〕	*n.* 手勢
•**giraffe** [2]	〔 dʒə'ræf 〕	*n.* 長頸鹿

30.

‡**glad** [1]	〔 glæd 〕	*adj.* 高興的
•**glance** [3]	〔 glæns 〕	*n. v.* 看一眼
glamour [6]	〔 'glæmɚ 〕	*n.* 魅力
‡**glass** [1]	〔 glæs 〕	*n.* 玻璃
‡**glasses** [1]	〔 'glæsɪz 〕	*n. pl.* 眼鏡
glassware [6]	〔 'glæs͵wɛr 〕	*n.* 玻璃製品
glisten [6]	〔 'glɪsṇ 〕	*v.* 閃爍
glitter [5]	〔 'glɪtɚ 〕	*v.* 閃爍
•**glimpse** [4]	〔 glɪmps 〕	*n. v.* 看一眼

31.

*globe⁴	(glob)	*n.* 地球
*global³	('globḷ)	*adj.* 全球的
*glow³	(glo)	*v.* 發光
gloom⁵	(glum)	*n.* 陰暗
gloomy⁶	('glumɪ)	*adj.* 昏暗的
‡glue²	(glu)	*n.* 膠水
*glory³	('glorɪ)	*n.* 光榮
*glorious⁴	('glorɪəs)	*adj.* 光榮的
‡glove²	(glʌv)	*n.* 手套

32.

‡go¹	(go)	*v.* 去
*goal²	(gol)	*n.* 目標
‡goat²	(got)	*n.* 山羊
*god¹	(gɑd)	*n.* 神
*goddess¹	('gɑdɪs)	*n.* 女神
gobble⁵	('gɑbḷ)	*v.* 狼吞虎嚥
‡gold¹	(gold)	*n.* 黃金
golden²	('goldn̩)	*adj.* 金色的
‡golf²	(gɔlf)	*n.* 高爾夫球

33.

gorge [5]	〔 gɔrdʒ 〕	*n.*	峽谷
gorgeous [5]	〔 ˈgɔrdʒəs 〕	*adj.*	非常漂亮的
gorilla [5]	〔 gəˈrɪlə 〕	*n.*	大猩猩

***govern** [2]	〔 ˈgʌvən 〕	*v.*	統治
‡**government** [2]	〔 ˈgʌvənmənt 〕	*n.*	政府
***governor** [3]	〔 ˈgʌvənə 〕	*n.*	州長

***gossip** [3]	〔 ˈgɑsəp 〕	*v.*	說閒話
gospel [5]	〔 ˈgɑspl̩ 〕	*n.*	福音
***gown** [3]	〔 gaun 〕	*n.*	禮服

34.

***grace** [4]	〔 gres 〕	*n.*	優雅
***graceful** [4]	〔 ˈgresfəl 〕	*adj.*	優雅的
***gracious** [4]	〔 ˈgreʃəs 〕	*adj.*	親切的

‡**grade** [2]	〔 gred 〕	*n.*	成績
***gradual** [3]	〔 ˈgrædʒuəl 〕	*adj.*	逐漸的
***graduate** [3]	〔 ˈgrædʒu‚et 〕	*v.*	畢業

‡**gram** [3]	〔 græm 〕	*n.*	公克
***grammar** [4]	〔 ˈgræmə 〕	*n.*	文法
***grammatical** [4]	〔 grəˈmætɪkl̩ 〕	*adj.*	文法上的

35.

•**grand** [1]	〔 grænd 〕	*adj.*	雄偉的
‡**grandfather** [1]	〔'grænd,faðɚ 〕	*n.*	祖父
‡**grandson** [1]	〔'græn,sʌn 〕	*n.*	孫子
grant [5]	〔 grænt 〕	*v.*	給予
‡**grape** [2]	〔 grep 〕	*n.*	葡萄
•**grapefruit** [4]	〔'grep,frut 〕	*n.*	葡萄柚
graph [6]	〔 græf 〕	*n.*	圖表
graphic [6]	〔'græfɪk 〕	*adj.*	圖解的
•**grasp** [3]	〔 græsp 〕	*v.*	抓住

36.

‡**grass** [1]	〔 græs 〕	*n.*	草
•**grasshopper** [3]	〔'græs,hapɚ 〕	*n.*	蚱蜢
grassy [2]	〔'græsɪ 〕	*adj.*	多草的
•**grateful** [4]	〔'gretfəl 〕	*adj.*	感激的
•**gratitude** [4]	〔'grætə,tjud 〕	*n.*	感激
•**gravity** [5]	〔'grævətɪ 〕	*n.*	重力
‡**gray** [1]	〔 gre 〕	*adj.*	灰色的
•**grave** [4]	〔 grev 〕	*n.*	墳墓
graze [5]	〔 grez 〕	*v.*	吃草

一口氣背 7000 字 ⑦

1.

great [1]	(gret)	*adj.*	很棒的
grease [5]	(gris)	*n.*	油脂
greasy [4]	('grisɪ)	*adj.*	油膩的
greed [5]	(grid)	*n.*	貪心
greedy [2]	('gridɪ)	*adj.*	貪心的
green [1]	(grin)	*adj.*	綠色的
greenhouse [3]	('grin‚haʊs)	*n.*	溫室
greet [2]	(grit)	*v.*	問候
greeting [4]	('gritɪŋ)	*n.*	問候

2.

grocer [6]	('grosɚ)	*n.*	雜貨商
*grocery [3]	('grosɚɪ)	*n.*	雜貨店
groan [5]	(gron)	*v.*	呻吟
*grope [6]	(grop)	*v.*	摸索
gross [5]	(gros)	*adj.*	全部的
*ground [1]	(graʊnd)	*n.*	地面
*grow [1]	(gro)	*v.*	成長
growth [2]	(groθ)	*n.*	成長
growl [5]	(graʊl)	*v.*	咆哮

3.

‡**guard** ²	(gɑrd)	n. 警衛
‡**guardian** ³	('gɑrdɪən)	n. 監護人
‡**guarantee** ⁴	(,gærən'ti)	v. 保證
‡**guide** ¹	(gaɪd)	v. 引導
guidance ³	('gaɪdn̩s)	n. 指導
guideline ⁵	('gaɪd,laɪn)	n. 指導方針
guilt ⁴	(gɪlt)	n. 罪
guilty ⁴	('gɪltɪ)	adj. 有罪的
‡**guitar** ²	(gɪ'tɑr)	n. 吉他

4.

•**habit** ²	('hæbɪt)	n. 習慣
•**habitat** ⁶	('hæbə,tæt)	n. 棲息地
‡**habitual** ⁴	(hə'bɪtʃʊəl)	adj. 習慣性的
•**hack** ⁶	(hæk)	v. 猛砍
hacker ⁶	('hækə)	n. 駭客
haircut ¹	('hɛr,kʌt)	n. 理髮
hairdo ⁵	('hɛr,du)	n. 髮型
•**hairdresser** ³	('hɛr,drɛsə)	n. 美髮師
•**hairstyle** ⁵	('hɛr,staɪl)	n. 髮型

5.

*hall⁴	(hɔl)	n. 大廳
*hallway³	('hɔl,we)	n. 走廊
*halt⁴	(hɔlt)	v. 停止
‡‡ham¹	(hæm)	n. 火腿
‡‡hamburger²	('hæmbɜgə)	n. 漢堡
‡hammer²	('hæmə)	n. 鐵鎚
*handicap⁵	('hændɪ,kæp)	n. 身心殘障
*handicraft⁵	('hændɪ,kræft)	n. 手工藝
‡handkerchief²	('hæŋkətʃɪf)	n. 手帕

6.

*handy³	('hændɪ)	adj. 便利的
‡hang²	(hæŋ)	v. 懸掛
‡hanger²	('hæŋə)	n. 衣架
harass⁶	(hə'ræs)	v. 騷擾
harassment⁶	(hə'ræsmənt)	n. 騷擾
*harbor³	('harbə)	n. 港口
‡hard¹	(hard)	adj. 困難的
*harden⁴	('hardn̩)	v. 變硬
*hardship⁴	('hardʃɪp)	n. 艱難

7.

hardy⁵	('hardɪ)	adj.	強健的
•hardware⁴	('hard,wɛr)	n.	硬體
•harsh⁴	(harʃ)	adj.	嚴厲的
•harm³	(harm)	v. n.	傷害
•harmful³	('harmfəl)	adj.	有害的
•harmony⁴	('harmənɪ)	n.	和諧
•harmonica⁴	(har'manɪkə)	n.	口琴
harness⁵	('harnɪs)	v.	利用
•harvest³	('harvɪst)	n.	收穫

8.

•haste⁴	(hest)	n.	匆忙
•hasten⁴	('hesn̩)	v.	催促
•hasty³	('hestɪ)	adj.	匆忙的
‡hate¹	(het)	v.	恨
hateful²	('hetfəl)	adj.	可恨的
•hatred⁴	('hetrɪd)	n.	憎恨
haul⁵	(hɔl)	v.	拖
haunt⁵	(hɔnt)	v.	(鬼魂)出沒於
*hawk³	(hɔk)	n.	老鷹

9.

‡**head** ¹	(hɛd)	n. 頭
•**headline** ³	('hɛd,laın)	n. (報紙的)標題
•**headquarters** ³	('hɛd'kwɔrtəz)	n. pl. 總部
‡**health** ¹	(hɛlθ)	n. 健康
•**healthful** ⁴	('hɛlθfəl)	adj. 有益健康的
‡**healthy** ²	('hɛlθı)	adj. 健康的
‡**heart** ¹	(hɑrt)	n. 心
hearty ⁵	('hɑrtı)	adj. 真摯的
•**heap** ³	(hip)	n. 一堆

10.

‡**heat** ¹	(hit)	n. 熱
‡**heater** ²	('hitə)	n. 暖氣機
•**heel** ³	(hil)	n. 腳跟
•**heaven** ³	('hɛvən)	n. 天堂
heavenly ⁵	('hɛvənlı)	adj. 天空的
‡**heavy** ¹	('hɛvı)	adj. 重的
•**hell** ³	(hɛl)	n. 地獄
•**helmet** ³	('hɛlmıt)	n. 安全帽
helicopter ⁴	('hɛlı,kɑptə)	n. 直昇機

11.

herb [5]	〔ɝb〕	n. 草藥
•**herd** [4]	〔hɝd〕	n. (牛)群
herald [5]	〔'hɛrəld〕	n. 預兆
heritage [6]	〔'hɛrətɪdʒ〕	n. 遺產
hermit [5]	〔'hɝmɪt〕	n. 隱士
‡**hero** [2]	〔'hɪro〕	n. 英雄
heroic [5]	〔hɪ'ro·ɪk〕	adj. 英勇的
•**heroine** [2]	〔'hɛro·ɪn〕	n. 女英雄
heroin [6]	〔'hɛro·ɪn〕	n. 海洛英

12.

•**hesitate** [3]	〔'hɛzə,tet〕	v. 猶豫
•**hesitation** [4]	〔,hɛzə'teʃən〕	n. 猶豫
heterosexual [5]	〔,hɛtərə'sɛkʃuəl〕	adj. 異性戀的
‡**high** [1]	〔haɪ〕	adj. 高的
•**highly** [4]	〔'haɪlɪ〕	adv. 非常地
highlight [6]	〔'haɪ,laɪt〕	v. 強調
‡**highway** [2]	〔'haɪ,we〕	n. 公路
hijack [5]	〔'haɪ,dʒæk〕	v. 劫(機)
‡**hike** [3]	〔haɪk〕	v. 健行

13.

‡**hip** ²	〔 hɪp 〕	*n.*	屁股
‡**hippo** ²	〔 'hɪpo 〕	*n.*	河馬
***hippopotamus** ²	〔 ˌhɪpə'pɑtəməs 〕	*n.*	河馬
‡**history** ¹	〔 'hɪstrɪ 〕	*n.*	歷史
***historic** ³	〔 hɪs'tɔrɪk 〕	*adj.*	歷史上重要的
***historical** ³	〔 hɪs'tɔrɪkḷ 〕	*adj.*	歷史的
‡**hit** ¹	〔 hɪt 〕	*v.*	打
hiss ⁵	〔 hɪs 〕	*v.*	發出嘶嘶聲
***historian** ³	〔 hɪs'torɪən 〕	*n.*	歷史學家

14.

‡**hobby** ²	〔 'hɑbɪ 〕	*n.*	嗜好
hockey ⁵	〔 'hɑkɪ 〕	*n.*	曲棍球運動
***hollow** ³	〔 'hɑlo 〕	*adj.*	中空的
‡**home** ¹	〔 hom 〕	*n.*	家
***homeland** ⁴	〔 'hom,lænd 〕	*n.*	祖國
‡**homesick** ²	〔 'hom,sɪk 〕	*adj.*	想家的
hometown ³	〔 'hom'taʊn 〕	*n.*	家鄉
‡**homework** ¹	〔 'hom,wɝk 〕	*n.*	功課
homosexual ⁵	〔 ˌhomə'sɛkʃʊəl 〕	*adj.*	同性戀的

15.

‡**honest** ²	(ˋɑnɪst)	*adj.* 誠實的
‡**honesty** ³	(ˋɑnɪstɪ)	*n.* 誠實
·**honeymoon** ⁴	(ˋhʌnɪˌmun)	*n.* 蜜月旅行
·**honor** ³	(ˋɑnɚ)	*n.* 光榮
·**honorable** ⁴	(ˋɑnərəbḷ)	*adj.* 光榮的
honorary ⁶	(ˋɑnəˌrɛrɪ)	*adj.* 名譽的
·**hook** ⁴	(hʊk)	*n.* 鉤子
hood ⁵	(hʊd)	*n.* 風帽
hoof ⁵	(hʊf)	*n.* (馬)蹄

16.

·**horizon** ⁴	(həˋraɪzn̩)	*n.* 地平線
horizontal ⁵	(ˌhɑrəˋzɑntḷ)	*adj.* 水平的
hormone ⁶	(ˋhɔrmon)	*n.* 荷爾蒙
·**horror** ³	(ˋhɔrɚ)	*n.* 恐怖
·**horrify** ⁴	(ˋhɔrəˌfaɪ)	*v.* 使驚嚇
‡**horrible** ³	(ˋhɔrəbḷ)	*adj.* 可怕的
·**horn** ³	(hɔrn)	*n.* (牛、羊的)角
‡**horse** ¹	(hɔrs)	*n.* 馬
·**hose** ⁴	(hoz)	*n.* 軟管

17.

‡**hospital** ²	('hɑspɪtḷ)	*n.* 醫院
hospitable ⁶	('hɑspɪtəbḷ)	*adj.* 好客的
hospitality ⁶	(,hɑspɪ'tælətɪ)	*n.* 好客
‡**host** ²,⁴	(host)	*n.* 主人
***hostess** ²	('hostɪs)	*n.* 女主人
hostage ⁵	('hɑstɪdʒ)	*n.* 人質
***hostel** ⁴	('hɑstḷ)	*n.* 青年旅館
hostile ⁵	('hɑstḷ)	*adj.* 有敵意的
hostility ⁶	(hɑs'tɪlətɪ)	*n.* 敵意

18.

‡**house** ¹	(haʊs)	*n.* 房子
***household** ⁴	('haʊs,hold)	*adj.* 家庭的
***housekeeper** ³	('haʊs,kipɚ)	*n.* 女管家
‡**housewife** ⁴	('haʊs,waɪf)	*n.* 家庭主婦
‡**housework** ⁴	('haʊs,wɝk)	*n.* 家事
***housing** ⁵	('haʊzɪŋ)	*n.* 住宅
***hug** ³	(hʌg)	*v. n.* 擁抱
***hum** ²	(hʌm)	*v.* 哼唱
howl ⁵	(haʊl)	*v.* 嗥叫

19.

‡**human** [1]	(ˈhjumən)	n.	人
***humanity** [4]	(hjuˈmænətɪ)	n.	人類
humanitarian [6]	(hjuˌmænəˈtɛrɪən)	n.	人道主義者
‡**humid** [2]	(ˈhjumɪd)	adj.	潮溼的
***humidity** [4]	(hjuˈmɪdətɪ)	n.	潮溼
humiliate [6]	(hjuˈmɪlɪˌet)	v.	使丟臉
‡**humor** [2]	(ˈhjumə)	n.	幽默
‡**humorous** [3]	(ˈhjumərəs)	adj.	幽默的
humble [2]	(ˈhʌmbl̩)	adj.	謙卑的

20.

‡**hunger** [2]	(ˈhʌŋgə)	n.	飢餓
‡**hungry** [1]	(ˈhʌŋgrɪ)	adj.	飢餓的
‡**hundred** [1]	(ˈhʌndrəd)	n.	百
‡**hunt** [2]	(hʌnt)	v.	打獵
‡**hunter** [2]	(ˈhʌntə)	n.	獵人
hunch [6]	(hʌntʃ)	n.	直覺
‡**hurry** [2]	(ˈhɜɪ)	v.	趕快
***hurricane** [4]	(ˈhɜɪˌken)	n.	颶風
hurdle [6]	(ˈhɜdl̩)	n.	障礙物

21.

*hydrogen⁴	('haɪdrədʒən)	n.	氫
hygiene⁶	('haɪdʒin)	n.	衛生
hymn⁵	(hɪm)	n.	聖歌

hypocrite⁶	('hɪpə,krɪt)	n.	偽君子
hypocrisy⁶	(hɪ'pɑkrəsɪ)	n.	偽善
hysterical⁶	(hɪs'tɛrɪkl̩)	adj.	歇斯底里的

‡‡husband¹	('hʌzbənd)	n.	丈夫
*hush³	(hʌʃ)	v.	使安靜
*hut³	(hʌt)	n.	小木屋

22.

‡ice¹	(aɪs)	n.	冰
*iceberg⁴	('aɪs,bɝg)	n.	冰山
*icy³	('aɪsɪ)	adj.	結冰的

‡idea¹	(aɪ'diə)	n.	想法
*ideal³	(aɪ'diəl)	adj.	理想的
*identical⁴	(aɪ'dɛntɪkl̩)	adj.	完全相同的

*identify⁴	(aɪ'dɛntə,faɪ)	v.	辨識
*identity³	(aɪ'dɛntətɪ)	n.	身分
*identification⁴	(aɪ,dɛntəfə'keʃən)	n.	身份證明

23.

idiom [4]	('ɪdɪəm)	n. 成語
idiot [5]	('ɪdɪət)	n. 白痴
idle [4]	('aɪdḷ)	adj. 遊手好閒的
ignore [2]	(ɪg'nor)	v. 忽視
ignorant [4]	('ɪgnərənt)	adj. 無知的
ignorance [3]	('ɪgnərəns)	n. 無知
illusion [6]	(ɪ'luʒən)	n. 幻覺
illustrate [4]	('ɪləstret)	v. 圖解說明
illustration [4]	(ˌɪləs'treʃən)	n. 插圖

24.

imagine [2]	(ɪ'mædʒɪn)	v. 想像
imagination [3]	(ɪˌmædʒə'neʃən)	n. 想像力
imaginative [4]	(ɪ'mædʒəˌnetɪv)	adj. 有想像力的
imaginary [4]	(ɪ'mædʒəˌnɛrɪ)	adj. 虛構的
imaginable [4]	(ɪ'mædʒɪnəbḷ)	adj. 想像得到的
image [3]	('ɪmɪdʒ)	n. 形象
imitate [4]	('ɪməˌtet)	v. 模仿
imitation [4]	(ˌɪmə'teʃən)	n. 模仿
immediate [3]	(ɪ'midɪɪt)	adj. 立即的

25.

·**imply** 4	(ɪm'plaɪ)	v. 暗示
implicit 6	(ɪm'plɪsɪt)	*adj.* 暗示的
implication 6	(ˌɪmplɪ'keʃən)	*n.* 暗示

·**import** 3	(ɪm'port)	v. 進口
‡**important** 1	(ɪm'pɔrtn̩t)	*adj.* 重要的
‡**importance** 2	(ɪm'pɔrtn̩s)	*n.* 重要性

·**impress** 3	(ɪm'prɛs)	v. 使印象深刻
·**impression** 4	(ɪm'prɛʃən)	*n.* 印象
·**impressive** 3	(ɪm'prɛsɪv)	*adj.* 令人印象深刻的

26.

·**incident** 4	('ɪnsədənt)	*n.* 事件
incidental 6	(ˌɪnsə'dɛntl̩)	*adj.* 附帶的
incline 6	(ɪn'klaɪn)	v. 使傾向於

‡**include** 2	(ɪn'klud)	v. 包括
·**including** 4	(ɪn'kludɪŋ)	*prep.* 包括
inclusive 6	(ɪn'klusɪv)	*adj.* 包括的

incense 5	('ɪnsɛns)	*n.* 香
incentive 6	(ɪn'sɛntɪv)	*n.* 動機
‡**inch** 1	(ɪntʃ)	*n.* 英吋

27.

·**indeed**³	(ɪn'did)	*adv.* 的確
‡**independent**²	(͵ɪndɪ'pɛndənt)	*adj.* 獨立的
·**independence**²	(͵ɪndɪ'pɛndəns)	*n.* 獨立
index⁵	('ɪndɛks)	*n.* 索引
‡**indicate**²	('ɪndə͵ket)	*v.* 指出
·**indication**⁴	(͵ɪndə'keʃən)	*n.* 跡象
indifferent⁵	(ɪn'dɪfrənt)	*adj.* 漠不關心的
indifference⁵	(ɪn'dɪfrəns)	*n.* 漠不關心
·**individual**³	(͵ɪndə'vɪdʒʊəl)	*n.* 個人

28.

indignant⁵	(ɪn'dɪgnənt)	*adj.* 憤怒的
indignation⁶	(͵ɪndɪg'neʃən)	*n.* 憤怒
indispensable⁵	(͵ɪndɪs'pɛnsəbḷ)	*adj.* 不可或缺的
·**industrial**³	(ɪn'dʌstrɪəl)	*adj.* 工業的
·**industrialize**⁴	(ɪn'dʌstrɪəl͵aɪz)	*v.* 使工業化
·**industry**²	('ɪndəstrɪ)	*n.* 工業
·**infect**⁴	(ɪn'fɛkt)	*v.* 傳染
·**infection**⁴	(ɪn'fɛkʃən)	*n.* 感染
·**infectious**⁶	(ɪn'fɛkʃəs)	*adj.* 傳染性的

29.

infer [6]　　　　　〔 ɪnˈfɝ 〕　　　　　*v.* 推論
inference [6]　　〔 ˈɪnfərəns 〕　　*n.* 推論
inferior [3]　　　　〔 ɪnˈfɪrɪɚ 〕　　　*adj.* 較差的

‡**influence** [2]　　〔 ˈɪnfluəns 〕　　*n.* 影響
influential [4]　　〔 ˌɪnfluˈɛnʃəl 〕　*adj.* 有影響力的
inflation [4]　　　〔 ɪnˈfleʃən 〕　　*n.* 通貨膨脹

inform [3]　　　　〔 ɪnˈfɔrm 〕　　　*v.* 通知
‡**information** [4]　〔 ˌɪnfɚˈmeʃən 〕　*n.* 資訊
informative [4]　　〔 ɪnˈfɔrmətɪv 〕　*adj.* 知識性的

30.

ingenious [6]　　〔 ɪnˈdʒinjəs 〕　　*adj.* 聰明的
ingenuity [6]　　　〔 ˌɪndʒəˈnuətɪ 〕　*n.* 聰明
ingredient [4]　　　〔 ɪnˈgridɪənt 〕　*n.* 原料

inhabit [6]　　　　〔 ɪnˈhæbɪt 〕　　*v.* 居住於
inhabitant [6]　　〔 ɪnˈhæbətənt 〕*n.* 居民
inherit [5]　　　　〔 ɪnˈhɛrɪt 〕　　　*v.* 繼承

initial [4]　　　　〔 ɪˈnɪʃəl 〕　　　　*adj.* 最初的
initiate [5]　　　　〔 ɪˈnɪʃɪˌet 〕　　　*v.* 創始
initiative [6]　　　〔 ɪˈnɪʃɪˌetɪv 〕　*n.* 主動權

31.

inject[6]	(ɪnˈdʒɛkt)	v. 注射
injection[6]	(ɪnˈdʒɛkʃən)	n. 注射
injustice[6]	(ɪnˈdʒʌstɪs)	n. 不公平
*injure[3]	(ˈɪndʒɚ)	v. 傷害
injury[3]	(ˈɪndʒərɪ)	n. 傷
inland[5]	(ˈɪnlənd)	adj. 內陸的
*inn[3]	(ɪn)	n. 小旅館
*innocent[3]	(ˈɪnəsn̩t)	adj. 清白的
*innocence[4]	(ˈɪnəsn̩s)	n. 清白

32.

innovation[6]	(ˌɪnəˈveʃən)	n. 創新
innovative[6]	(ˈɪnoˌvetɪv)	adj. 創新的
innumerable[5]	(ɪˈnjumərəbl̩)	adj. 無數的
inquire[5]	(ɪnˈkwaɪr)	v. 詢問
inquiry[6]	(ˈɪnkwərɪ)	n. 詢問
‡insect[2]	(ˈɪnsɛkt)	n. 昆蟲
*insert[4]	(ɪnˈsɝt)	v. 插入
‡insist[2]	(ɪnˈsɪst)	v. 堅持
insistence[6]	(ɪnˈsɪstəns)	n. 堅持

33.

•**inspect** [3]	(ɪn'spɛkt)	v.	檢查
•**inspection** [4]	(ɪn'spɛkʃən)	n.	檢查
•**inspector** [3]	(ɪn'spɛktə)	n.	檢查員
‡**inspire** [4]	(ɪn'spaɪr)	v.	激勵
•**inspiration** [4]	(ˌɪnspə'reʃən)	n.	靈感
•**instance** [2]	('ɪnstəns)	n.	實例
•**install** [4]	(ɪn'stɔl)	v.	安裝
installment [6]	(ɪn'stɔlmənt)	n.	分期付款的錢
installation [6]	(ˌɪnstə'leʃən)	n.	安裝

34.

•**institute** [5]	('ɪnstəˌtjut)	n.	協會
•**institution** [6]	(ˌɪnstə'tjuʃən)	n.	機構
•**instinct** [4]	('ɪnstɪŋkt)	n.	本能
instruct [4]	(ɪn'strʌkt)	v.	教導
instruction [3]	(ɪn'strʌkʃən)	n.	教導
•**instructor** [4]	(ɪn'strʌktə)	n.	講師
insure [5]	(ɪn'ʃur)	v.	為…投保
•**insurance** [4]	(ɪn'ʃurəns)	n.	保險
•**insult** [4]	('ɪnsʌlt)	n.	侮辱

35.

integrate [6]	('ɪntə,gret)	v. 整合
integration [6]	(,ɪntə'greʃən)	n. 整合
integrity [6]	(ɪn'tɛgrətɪ)	n. 正直
intellect [6]	('ɪntḷ,ɛkt)	n. 智力
‡intelligent [4]	(ɪn'tɛlədʒənt)	adj. 聰明的
·intelligence [4]	(ɪn'tɛlədʒəns)	n. 聰明才智
·intense [4]	(ɪn'tɛns)	adj. 強烈的
·intensify [4]	(ɪn'tɛnsə,faɪ)	v. 加強
·intensity [4]	(ɪn'tɛnsətɪ)	n. 強度

36.

intent [5]	(ɪn'tɛnt)	n. 意圖
·intention [4]	(ɪn'tɛnʃən)	n. 企圖
·intensive [4]	(ɪn'tɛnsɪv)	adj. 密集的
·interact [4]	(,ɪntə'ækt)	v. 互動
·interaction [4]	(,ɪntə'ækʃən)	n. 互動
·intermediate [4]	(,ɪntə'midɪɪt)	adj. 中級的
·interfere [4]	(,ɪntə'fɪr)	v. 干涉
·interference [5]	(,ɪntə'fɪrəns)	n. 干涉
interior [5]	(ɪn'tɪrɪə)	adj. 內部的

一口氣背 7000 字 ⑧

1.

internal[3]	(ɪn'tɜnḷ)	*adj.* 內部的
international[2]	(ˌɪntɚ'næʃənḷ)	*adj.* 國際的
Internet[4]	('ɪntɚ͵nɛt)	*n.* 網際網路
interpret[4]	(ɪn'tɜprɪt)	*v.* 解釋
interpretation[5]	(ɪn͵tɜprɪ'teʃən)	*n.* 解釋
interpreter[5]	(ɪn'tɜprɪtɚ)	*n.* 口譯者
interrupt[3]	(ˌɪntə'rʌpt)	*v.* 打斷
interruption[4]	(ˌɪntə'rʌpʃən)	*n.* 打斷
intersection[6]	(ˌɪntɚ'sɛkʃən)	*n.* 十字路口

2.

ⁱintervene[6]	(ˌɪntɚ'vin)	*v.* 介入
intervention[6]	(ˌɪntɚ'vɛnʃən)	*n.* 介入
ⁱinterview[2]	('ɪntɚ͵vju)	*n.* 面試
ⁱintimate[4]	('ɪntəmɪt)	*adj.* 親密的
ⁱintimacy[6]	('ɪntəməsɪ)	*n.* 親密
intimidate[6]	(ɪn'tɪmə͵det)	*v.* 威脅
ⁱintrude[6]	(ɪn'trud)	*v.* 闖入
intruder[6]	(ɪn'trudɚ)	*n.* 入侵者
intuition[5]	(ˌɪntju'ɪʃən)	*n.* 直覺

3.

⁺**invade** ⁴	〔ɪn'ved〕	*v.* 入侵
⁺**invasion** ⁴	〔ɪn'veʒən〕	*n.* 侵略
⁺**invaluable** ⁶	〔ɪn'væljəbḷ〕	*adj.* 無價的
⁺**invent** ²	〔ɪn'vɛnt〕	*v.* 發明
invention ⁴	〔ɪn'vɛnʃən〕	*n.* 發明
inventor ³	〔ɪn'vɛntə〕	*n.* 發明者
invest ⁴	〔ɪn'vɛst〕	*v.* 投資
investigate ³	〔ɪn'vɛstə,get〕	*v.* 調查
⁺**investigation** ⁴	〔ɪn,vɛstə'geʃən〕	*n.* 調查

4.

⁺**iron** ¹	〔'aɪən〕	*n.* 鐵
⁺**irony** ⁶	〔'aɪrənɪ〕	*n.* 諷刺
⁺**ironic** ⁶	〔aɪ'rɑnɪk〕	*adj.* 諷刺的
irritate ⁶	〔'ɪrə,tet〕	*v.* 激怒
irritation ⁶	〔,ɪrə'teʃən〕	*n.* 激怒
⁺**irritable** ⁶	〔'ɪrətəbḷ〕	*adj.* 易怒的
isle ⁵	〔aɪl〕	*n.* 島
⁺**island** ²	〔'aɪlənd〕	*n.* 島
⁺**isolate** ⁴	〔'aɪsḷ,et〕	*v.* 使隔離

5.

jack [5]	﹝dʒæk﹞	*n.*	起重機
jacket [2]	﹝'dʒækɪt﹞	*n.*	夾克
jam [1,2]	﹝dʒæm﹞	*n.*	果醬
*janitor [5]	﹝'dʒænətɚ﹞	*n.*	管理員
January [1]	﹝'dʒænjʊˌɛrɪ﹞	*n.*	一月
*jasmine [5]	﹝'dʒæsmɪn﹞	*n.*	茉莉
jade [5]	﹝dʒed﹞	*n.*	玉
*jail [3]	﹝dʒel﹞	*n.*	監獄
*jaw [3]	﹝dʒɔ﹞	*n.*	顎

6.

*jealous [3]	﹝'dʒɛləs﹞	*adj.*	嫉妒的
jealousy [4]	﹝'dʒɛləsɪ﹞	*n.*	嫉妒
jeans [2]	﹝dʒinz﹞	*n. pl.*	牛仔褲
jeep [2]	﹝dʒip﹞	*n.*	吉普車
jeer [5]	﹝dʒɪr﹞	*v.*	嘲笑
*jelly [3]	﹝'dʒɛlɪ﹞	*n.*	果凍
*Jew	﹝dʒu﹞	*n.*	猶太人
jewel [3]	﹝'dʒuəl﹞	*n.*	珠寶
jewelry [3]	﹝'dʒuəlrɪ﹞	*n.*	珠寶

7.

‡join¹	〔 dʒɔɪn 〕	v.	加入
‡joint²	〔 dʒɔɪnt 〕	n.	關節
‡jog²	〔 dʒɑg 〕	v.	慢跑
job¹	〔 dʒɑb 〕	n.	工作
‡jolly⁵	〔'dʒɑlɪ 〕	adj.	愉快的
*joke¹	〔 dʒok 〕	n.	笑話
journey³	〔'dʒɝnɪ 〕	n.	旅程
*journal³	〔'dʒɝnl̩ 〕	n.	期刊
journalist⁵	〔'dʒɝnl̩ɪst 〕	n.	記者

8.

joy¹	〔 dʒɔɪ 〕	n.	喜悅
*joyful³	〔'dʒɔɪfəl 〕	adj.	愉快的
joyous⁶	〔'dʒɔɪəs 〕	adj.	愉快的
*judge²	〔 dʒʌdʒ 〕	v.	判斷
judgment²	〔'dʒʌdʒmənt 〕	n.	判斷
jug⁵	〔 dʒʌg 〕	n.	水罐
*juice¹	〔 dʒus 〕	n.	果汁
*juicy²	〔'dʒusɪ 〕	adj.	多汁的
*July¹	〔 dʒu'laɪ 〕	n.	七月

9.

*jungle³	﹝'dʒʌŋgl﹞	n. 叢林
junior⁴	﹝'dʒunjə﹞	adj. 年少的
*junk³	﹝dʒʌŋk﹞	n. 垃圾
*just¹	﹝dʒʌst﹞	adv. 僅
justice³	﹝'dʒʌstɪs﹞	n. 正義
*justify⁵	﹝'dʒʌstə,faɪ﹞	v. 使正當化
*June¹	﹝dʒun﹞	n. 六月
jury⁵	﹝'dʒʊrɪ﹞	n. 陪審團
juvenile⁵	﹝'dʒuvə,naɪl﹞	adj. 青少年的

10.

kettle³	﹝'kɛtl﹞	n. 茶壺
key¹	﹝ki﹞	n. 鑰匙
keyboard³	﹝'ki,bord﹞	n. 鍵盤
kid¹	﹝kɪd﹞	n. 小孩
kidnap⁶	﹝'kɪdnæp﹞	v. 綁架
kidney³	﹝'kɪdnɪ﹞	n. 腎臟
kill¹	﹝kɪl﹞	v. 殺死
kilogram³	﹝'kɪlə,græm﹞	n. 公斤
kilometer³	﹝kə'lɑmətə﹞	n. 公里

11.

‡kin ⁵	(kɪn)	n. 親戚
kind ¹	(kaɪnd)	adj. 親切的
‡kindergarten ²	('kɪndɚ,gɑrtn̩)	n. 幼稚園

‡kindle ⁵	('kɪndl̩)	v. 點燃
king ¹	(kɪŋ)	n. 國王
‡kingdom ²	('kɪŋdəm)	n. 王國

*kit ³	(kɪt)	n. 一套用具
kitchen ¹	('kɪtʃɪn)	n. 廚房
kitten ¹	('kɪtn̩)	n. 小貓

12.

‡knee ¹	(ni)	n. 膝蓋
‡kneel ³	(nil)	v. 跪下
‡knife ¹	(naɪf)	n. 刀子

‡knot ³	(nɑt)	n. 結
knock ²	(nɑk)	v. 敲
knob ³	(nɑb)	n. 圓形把手

knowledge ²	('nɑlɪdʒ)	n. 知識
knowledgeable ⁵	('nɑlɪdʒəbl̩)	adj. 有知識的
‡knuckle ⁴	('nʌkl̩)	n. 指關節

13.

*lab [4]	〔 læb 〕	*n.* 實驗室
*labor [4]	〔'lebə 〕	*n.* 勞力
‡laboratory [4]	〔'læbrə,torɪ 〕	*n.* 實驗室
*lad [5]	〔 læd 〕	*n.* 小伙子
lady [1]	〔'ledɪ 〕	*n.* 女士
ladybug [2]	〔'ledɪ,bʌg 〕	*n.* 瓢蟲
lag [4]	〔 læg 〕	*n.* 落後
*lamb [1]	〔 læm 〕	*n.* 羔羊
*lamp [1]	〔 læmp 〕	*n.* 燈

14.

land [1]	〔 lænd 〕	*n.* 陸地
landlady [5]	〔'lænd,ledɪ 〕	*n.* 女房東
landlord [5]	〔'lænd,lord 〕	*n.* 房東
*landmark [4]	〔'lænd,mɑrk 〕	*n.* 地標
landscape [4]	〔'lænskep 〕	*n.* 風景
*landslide [4]	〔'lænd,slaɪd 〕	*n.* 山崩
lane [2]	〔 len 〕	*n.* 巷子
*language [2]	〔'læŋgwɪdʒ 〕	*n.* 語言
*lantern [2]	〔'læntən 〕	*n.* 燈籠

15.

‡**laugh** [1]	〔 læf 〕	v.	笑
‡**laughter** [3]	〔'læftɚ 〕	n.	笑
•**latitude** [5]	〔'lætə,tjud 〕	n.	緯度
‡**launch** [4]	〔 lɔntʃ 〕	v.	發射
•**laundry** [3]	〔'lɔndrɪ 〕	n.	洗衣服
lawn [3]	〔 lɔn 〕	n.	草地
law [1]	〔 lɔ 〕	n.	法律
lawmaker [5]	〔'lɔ,mekɚ 〕	n.	立法委員
lawyer [2]	〔'lɔjɚ 〕	n.	律師

16.

lay [1]	〔 le 〕	v.	放置
layman [6]	〔'lemən 〕	n.	門外漢
layout [6]	〔'le,aʊt 〕	n.	設計圖
lead [1,4]	〔 lid 〕	v.	帶領
leader [1]	〔'lidɚ 〕	n.	領導者
leadership [2]	〔'lidɚ,ʃɪp 〕	n.	領導能力
‡**leaf** [1]	〔 lif 〕	n.	葉子
•**league** [5]	〔 lig 〕	n.	聯盟
•**leak** [3]	〔 lik 〕	v.	漏出

17.

‡leg [1]	(lɛg)	n. 腿
legend [4]	('lɛdʒənd)	n. 傳說
‡legendary [6]	('lɛdʒənd,ɛrɪ)	adj. 傳奇的
legislator [6]	('lɛdʒɪs,letɚ)	n. 立法委員
legislative [6]	('lɛdʒɪs,letɪv)	adj. 立法的
legislation [5]	(,lɛdʒɪs'leʃən)	n. 立法
legislature [6]	('lɛdʒɪs,letʃɚ)	n. 立法機關
‡legal [2]	('ligḷ)	adj. 合法的
·legitimate [6]	(lɪ'dʒɪtəmɪt)	adj. 正當的

18.

·letter [1]	('lɛtɚ)	n. 信
·lettuce [2]	('lɛtɪs)	n. 萵苣
·level [1]	('lɛvḷ)	n. 水平線
·liberate [6]	('lɪbə,ret)	v. 解放
liberation [6]	(,lɪbə'reʃən)	n. 解放運動
liberty [3]	('lɪbɚtɪ)	n. 自由
·library [2]	('laɪ,brɛrɪ)	n. 圖書館
·librarian [3]	(laɪ'brɛrɪən)	n. 圖書館員
‡license [4]	('laɪsṇs)	n. 執照

19.

‡*lifeboat*³	('laɪf,bot)	n. 救生艇
‡*lifeguard*³	('laɪf,gɑrd)	n. 救生員
·*lifelong*⁵	('laɪf'lɔŋ)	adj. 終身的
‡*lighten*⁴	('laɪtn̩)	v. 照亮
‡*lighthouse*³	('laɪt,haʊs)	n. 燈塔
*lightning*²	('laɪtnɪŋ)	n. 閃電
‡*likely*¹	('laɪklɪ)	adj. 可能的
*likelihood*⁵	('laɪklɪ,hʊd)	n. 可能性
*likewise*⁶	('laɪk,waɪz)	adv. 同樣地

20.

·*limit*²	('lɪmɪt)	v. n. 限制
*limitation*⁴	(,lɪmə'teʃən)	n. 限制
·*limousine*⁶	('lɪmə,zin)	n. 大轎車
·*linger*⁵	('lɪŋgɚ)	v. 逗留
‡*linguist*⁶	('lɪŋgwɪst)	n. 語言學家
*link*²	(lɪŋk)	v. 連結
·*lipstick*³	('lɪp,stɪk)	n. 口紅
·*liquid*²	('lɪkwɪd)	n. 液體
·*liquor*⁴	('lɪkɚ)	n. 烈酒

21.

*liter [6]	('lɪtɚ)	*n.*	公升
literate [6]	('lɪtərɪt)	*adj.*	識字的
literacy [6]	('lɪtərəsɪ)	*n.*	識字
literature [4]	('lɪtərətʃɚ)	*n.*	文學
‡literary [4]	('lɪtə,rɛrɪ)	*adj.*	文學的
*literal [6]	('lɪtərəl)	*adj.*	字面的
little [1]	('lɪtḷ)	*adj.*	小的
litter [3]	('lɪtɚ)	*v.*	亂丟垃圾
lizard [5]	('lɪzɚd)	*n.*	蜥蜴

22.

locate [2]	(lo'ket)	*v.*	使位於
location [4]	(lo'keʃən)	*n.*	位置
local [2]	('lokḷ)	*adj.*	當地的
lobby [3]	('labɪ)	*n.*	大廳
*lobster [3]	('labstɚ)	*n.*	龍蝦
*lodge [5]	(ladʒ)	*v.*	住宿
*lock [2]	(lak)	*v. n.*	鎖
‡locker [4]	('lakɚ)	*n.*	置物櫃
*locomotive [5]	(,lokə'motɪv)	*n.*	火車頭

23.

•**logic** ⁴	('ladʒɪk)	*n.*	邏輯
‡**logical** ⁴	('ladʒɪkḷ)	*adj.*	合乎邏輯的
•**lollipop** ³	('lalɪˌpap)	*n.*	棒棒糖
•**lone** ²	(lon)	*adj.*	孤單的
•**lonely** ²	('lonlɪ)	*adj.*	寂寞的
•**lonesome** ⁵	('lonsəm)	*adj.*	寂寞的
long ¹	(lɔŋ)	*adj.*	長的
•**longevity** ⁶	(lan'dʒɛvətɪ)	*n.*	長壽
‡**longitude** ⁵	('landʒəˌtjud)	*n.*	經度

24.

•**lotus** ⁵	('lotəs)	*n.*	蓮花
•**lotion** ⁴	('loʃən)	*n.*	乳液
•**lottery** ⁵	('latərɪ)	*n.*	彩券
‡**loud** ¹	(laʊd)	*adj.*	大聲的
•**loudspeaker** ³	('laʊd'spikɚ)	*n.*	喇叭
lounge ⁶	(laʊndʒ)	*n.*	交誼廳
•**lousy** ⁴	('laʊzɪ)	*adj.*	差勁的
•**loyal** ⁴	('lɔɪəl)	*adj.*	忠實的
•**loyalty** ⁴	('lɔɪəltɪ)	*n.*	忠實

25.

lucky [1]	('lʌkɪ)	*adj.*	幸運的
*luggage [3]	('lʌgɪdʒ)	*n.*	行李
*lullaby [3]	('lʌlə,baɪ)	*n.*	搖籃曲
lunar [4]	('lunə)	*adj.*	月亮的
lunatic [6]	('lunə,tɪk)	*n.*	瘋子
*lure [6]	(lur)	*v.*	誘惑
‡lush [6]	(lʌʃ)	*adj.*	綠油油的
*luxury [4]	('lʌkʃərɪ)	*n.*	豪華
luxurious [4]	(lʌg'ʒurɪəs)	*adj.*	豪華的

26.

*magic [2]	('mædʒɪk)	*n.*	魔術
*magical [3]	('mædʒɪkḷ)	*adj.*	神奇的
*magician [2]	(mə'dʒɪʃən)	*n.*	魔術師
‡magnet [3]	('mægnɪt)	*n.*	磁鐵
‡magnetic [4]	(mæg'nɛtɪk)	*adj.*	有磁性的
magnitude [6]	('mægnə,tjud)	*n.*	規模
‡magnify [5]	('mægnə,faɪ)	*v.*	放大
*magnificent [4]	(mæg'nɪfəsn̩t)	*adj.*	壯麗的
*magazine [2]	('mægə,zin)	*n.*	雜誌

27.

‡**maid** ³	(med)	*n.*	女傭
***maiden** ⁵	('medn̩)	*n.*	少女
·**mail** ¹	(mel)	*v.*	郵寄
·**main** ²	(men)	*adj.*	主要的
‡**mainland** ⁵	('men,lænd)	*n.*	大陸
mainstream ⁵	('men,strim)	*n.*	主流
‡**maintain** ²	(men'ten)	*v.*	維持
·**maintenance** ⁵	('mentənəns)	*n.*	維修
machinery ⁴	(mə'ʃinərɪ)	*n.*	機器

28.

‡**majestic** ⁵	(mə'dʒɛstɪk)	*adj.*	雄偉的
***majesty** ⁵	('mædʒɪstɪ)	*n.*	威嚴
·**makeup** ⁴	('mek,ʌp)	*n.*	化妝品
major ³	('medʒə)	*adj.*	主要的
***majority** ³	(mə'dʒɔrətɪ)	*n.*	大多數
malaria ⁶	(mə'lɛrɪə)	*n.*	瘧疾
·**male** ²	(mel)	*n.*	男性
mall ³	(mɔl)	*n.*	購物中心
***mammal** ⁵	('mæml̩)	*n.*	哺乳類動物

29.

man [1]	〔 mæn 〕	*n.* 男人
*manage [3]	〔'mænɪdʒ 〕	*v.* 管理
*manageable [3]	〔'mænɪdʒəbḷ 〕	*adj.* 可管理的

manager [3]	〔'mænɪdʒɚ 〕	*n.* 經理
management [3]	〔'mænɪdʒmənt 〕	*n.* 管理
Mandarin [2]	〔'mændərɪn 〕	*n.* 國語

mango [2]	〔'mæŋgo 〕	*n.* 芒果
manifest [5]	〔'mænə,fɛst 〕	*v.* 表露
manipulate [6]	〔mə'nɪpjə,let 〕	*v.* 操縱

30.

*mar [6]	〔 mɑr 〕	*v.* 損傷
*marble [3]	〔'mɑrbḷ 〕	*n.* 大理石
*March [1]	〔 mɑrtʃ 〕	*n.* 三月

| *margin [4] | 〔'mɑrdʒɪn 〕 | *n.* 邊緣 |
| *marginal [5] | 〔'mɑrdʒɪnḷ 〕 | *adj.* 邊緣的 |

| *market [1] | 〔'mɑrkɪt 〕 | *n.* 市場 |
| *mark [2] | 〔 mɑrk 〕 | *n.* 記號 |

| marshal [5] | 〔'mɑrʃəl 〕 | *n.* 警察局長 |
| martial [5] | 〔'mɑrʃəl 〕 | *adj.* 戰爭的 |

31.

marry [1]	〔'mærɪ 〕	v. 和…結婚
marriage [2]	〔'mærɪdʒ 〕	n. 婚姻
marathon [4]	〔'mærə,θɑn 〕	n. 馬拉松
marvel [5]	〔'mɑrvḷ 〕	v. 驚訝
marvelous [3]	〔'mɑrvḷəs 〕	adj. 令人驚嘆的
masculine [5]	〔'mæskjəlɪn 〕	adj. 男性的
map [1]	〔 mæp 〕	n. 地圖
maple [5]	〔'mepḷ 〕	n. 楓樹
marine [5]	〔 mə'rin 〕	adj. 海洋的

32.

*mass [2]	〔 mæs 〕	adj. 大量的
massive [5]	〔'mæsɪv 〕	adj. 巨大的
*massacre [6]	〔'mæsəkə 〕	n. 大屠殺
*master [1]	〔'mæstə 〕	v. 精通
mastery [6]	〔'mæstərɪ 〕	n. 精通
*masterpiece [5]	〔'mæstə,pis 〕	n. 傑作
*mash [5]	〔 mæʃ 〕	v. 搗碎
mask [2]	〔 mæsk 〕	n. 面具
massage [5]	〔 mə'sɑʒ 〕	n. 按摩

33.

*mate [2]	〔 met 〕	n. 伴侶
*material [2,6]	〔 mə'tɪrɪəl 〕	n. 物質
materialism [6]	〔 mə'tɪrɪəl,ɪzəm 〕	n. 物質主義
*math [3]	〔 mæθ 〕	n. 數學
mathematics [3]	〔 ,mæθə'mætɪks 〕	n. 數學
mathematical [3]	〔 ,mæθə'mætɪkl̩ 〕	adj. 數學的
matter [1]	〔 'mætə 〕	n. 事情
mattress [6]	〔 'mætrɪs 〕	n. 床墊
*match [2,1]	〔 mætʃ 〕	v. 搭配

34.

*mat [2]	〔 mæt 〕	n. 墊子
*mature [3]	〔 mə'tʃur 〕	adj. 成熟的
*maturity [4]	〔 mə'tʃurətɪ 〕	n. 成熟
*May [1]	〔 me 〕	n. 五月
mayor [3]	〔 'meə 〕	n. 市長
mayonnaise [5]	〔 'meə,nez 〕	n. 美乃滋
mean [1]	〔 min 〕	v. 意思是
*meaning [2]	〔 'minɪŋ 〕	n. 意義
*meaningful [3]	〔 'minɪŋfl̩ 〕	adj. 有意義的

35.

measure [2,4]	(ˈmɛʒɚ)	v. 測量
measurable [2]	(ˈmɛʒərəbḷ)	adj. 可測量的
measurement [2]	(ˈmɛʒɚmənt)	n. 測量

*mechanic [4]	(məˈkænɪk)	n. 技工
mechanical [4]	(məˈkænɪkḷ)	adj. 機械的
*mechanics [5]	(məˈkænɪks)	n. 機械學

medicine [2]	(ˈmɛdəsṇ)	n. 藥
*medical [3]	(ˈmɛdɪkḷ)	adj. 醫學的
*medication [6]	(ˌmɛdɪˈkeʃən)	n. 藥物治療

36.

*mediate [5]	(ˈmidɪˌet)	v. 調解
meditate [6]	(ˈmɛdəˌtet)	v. 沉思
meditation [6]	(ˌmɛdəˈteʃən)	n. 打坐

medium [3]	(ˈmidɪəm)	adj. 中等的
medieval [6]	(ˌmidɪˈivḷ)	adj. 中世紀的
*melancholy [6]	(ˈmɛlənˌkɑlɪ)	adj. 憂鬱的

*mellow [6]	(ˈmɛlo)	adj. 成熟的
melody [2]	(ˈmɛlədɪ)	n. 旋律
melon [2]	(ˈmɛlən)	n. 甜瓜

一口氣背 7000 字 ⑨

1.

*mend³	﹝mɛnd﹞	v. 修補
*mental³	﹝'mɛntl̩﹞	adj. 心理的
mentality⁶	﹝mɛn'tælətɪ﹞	n. 心態
*mention³	﹝'mɛnʃən﹞	v. 提到
‡menu²	﹝'mɛnju﹞	n. 菜單
menace⁵	﹝'mɛnɪs﹞	n. 威脅
*mercy⁴	﹝'mɝsɪ﹞	n. 慈悲
*merchant³	﹝'mɝtʃənt﹞	n. 商人
merchandise⁶	﹝'mɝtʃən,daɪz﹞	n. 商品

2.

*mess³	﹝mɛs﹞	n. 雜亂
*messy⁴	﹝'mɛsɪ﹞	adj. 雜亂的
*message²	﹝'mɛsɪdʒ﹞	n. 訊息
*messenger⁴	﹝'mɛsn̩dʒɚ﹞	n. 送信的人
*merry³	﹝'mɛrɪ﹞	adj. 歡樂的
*merit⁴	﹝'mɛrɪt﹞	n. 優點
*metal²	﹝'mɛtl̩﹞	n. 金屬
metaphor⁶	﹝'mɛtəfɔr﹞	n. 比喻
*meter²	﹝'mitɚ﹞	n. 公尺

3.

*microphone³	(ˋmaɪkrə͵fon)	*n.*	麥克風
*microscope⁴	(ˋmaɪkrə͵skop)	*n.*	顯微鏡
‡microwave³	(ˋmaɪkrə͵wev)	*n.*	微波
migrant⁵	(ˋmaɪgrənt)	*n.*	移居者
migrate⁶	(ˋmaɪgret)	*v.*	遷移
migration⁶	(maɪˋgreʃən)	*n.*	遷移
‡mile¹	(maɪl)	*n.*	英哩
mileage⁵	(ˋmaɪlɪdʒ)	*n.*	哩程
milestone⁵	(ˋmaɪl͵ston)	*n.*	里程碑

4.

minimal⁵	(ˋmɪnɪml̩)	*adj.*	極小的
minimize⁶	(ˋmɪnə͵maɪz)	*v.*	使減到最小
*minimum⁴	(ˋmɪnəməm)	*n.*	最小量
*minister⁴	(ˋmɪnɪstə)	*n.*	部長
*ministry⁴	(ˋmɪnɪstrɪ)	*n.*	部
miniature⁶	(ˋmɪnɪətʃə)	*adj.*	小型的
‡minor³	(ˋmaɪnə)	*adj.*	次要的
*minority³	(məˋnɔrətɪ)	*n.*	少數
‡minus²	(ˋmaɪnəs)	*prep.*	減

5.

*miracle ³	('mɪrəkḷ)	*n.*	奇蹟
miraculous ⁶	(mə'rækjələs)	*adj.*	奇蹟般的
‡mirror ²	('mɪrə)	*n.*	鏡子

*mischief ⁴	('mɪstʃɪf)	*n.*	惡作劇
mischievous ⁶	('mɪstʃɪvəs)	*adj.*	愛惡作劇的
*misfortune ⁴	(mɪs'fɔrtʃən)	*n.*	不幸

miser ⁵	('maɪzə)	*n.*	小氣鬼
*miserable ⁴	('mɪzərəbḷ)	*adj.*	悲慘的
*misery ³	('mɪzərɪ)	*n.*	悲慘

6.

‡miss ¹	(mɪs)	*v.*	錯過
*mission ³	('mɪʃən)	*n.*	任務
missionary ⁶	('mɪʃən,ɛrɪ)	*n.*	傳教士

*missile ³	('mɪsḷ)	*n.*	飛彈
*missing ³	('mɪsɪŋ)	*adj.*	失蹤的
*mist ³	(mɪst)	*n.*	薄霧

mister ¹	('mɪstə)	*n.*	先生
mistress ⁵	('mɪstrɪs)	*n.*	女主人
*misunderstand ⁴	(,mɪsʌndə'stænd)	*v.*	誤會

7.

*mob³	(mab)	n. 暴民
*mobile³	('mobl̩)	adj. 可移動的
mobilize⁶	('mobl̩,aɪz)	v. 動員
‡model²	('madl̩)	n. 模特兒
*moderate⁴	('madərɪt)	adj. 適度的
mock⁵	(mak)	v. 嘲笑
‡modern²	('madən)	adj. 現代的
modernize⁵	('madən,aɪz)	v. 使現代化
modernization⁶	(,madənə'zeʃən)	n. 現代化

8.

*modest⁴	('madɪst)	adj. 謙虛的
*modesty⁴	('madəstɪ)	n. 謙虛
modify⁵	('madə,faɪ)	v. 修正
mold⁶,⁵	(mold)	n. 模子
‡moment¹	('momənt)	n. 時刻
momentum⁶	(mo'mɛntəm)	n. 動力
*moist³	(mɔɪst)	adj. 潮濕的
*moisture³	('mɔɪstʃə)	n. 濕氣
molecule⁵	('malə,kjul)	n. 分子

9.

monotony⁶	(mə'natn̩ɪ)	n.	單調
monotonous⁶	(mə'natn̩əs)	adj.	單調的
monopoly⁶	(mə'napl̩ɪ)	n.	獨占

‡monster²	('manstɚ)	n.	怪物
monstrous⁵	('manstrəs)	adj.	怪物般的
*monument⁴	('manjəmənt)	n.	紀念碑

*monk³	(mʌŋk)	n.	修道士
‡‡monkey¹	('mʌŋkɪ)	n.	猴子
monarch⁵	('manɚk)	n.	君主

10.

*moral³	('mɔrəl)	adj.	道德的
morality⁶	(mɔ'rælətɪ)	n.	道德
morale⁶	(mo'ræl)	n.	士氣

mortal⁵	('mɔrtl̩)	adj.	必死的
‡mosquito²	(mə'skito)	n.	蚊子
moss⁵	(mɔs)	n.	青苔

*moth²	(mɔθ)	n.	蛾
‡‡mother¹	('mʌðɚ)	n.	母親
motherhood⁵	('mʌðɚhʊd)	n.	母性

11.

motive [5]	(ˈmotɪv)	n.	動機
•motivate [4]	(ˈmotəˌvet)	v.	激勵
•motivation [4]	(ˌmotəˈveʃən)	n.	積極動機
‡motion [2]	(ˈmoʃən)	n.	動作
•motor [3]	(ˈmotə)	n.	馬達
‡motorcycle [2]	(ˈmotəˌsaɪkḷ)	n.	摩托車
mount [5]	(maʊnt)	v.	爬上
‡mountain [1]	(ˈmaʊntṇ)	n.	山
•mountainous [4]	(ˈmaʊntṇəs)	adj.	多山的

12.

‡mouse [1]	(maʊs)	n.	老鼠
‡mouth [1]	(maʊθ)	n.	嘴巴
mouthpiece [6]	(ˈmaʊθˌpis)	n.	(電話的)送話口
‡move [1]	(muv)	v.	移動
‡movement [1]	(ˈmuvmənt)	n.	動作
•movable [2]	(ˈmuvəbḷ)	adj.	可移動的
‡movie [1]	(ˈmuvɪ)	n.	電影
mow [4]	(mo)	v.	割(草)
mower [5]	(ˈmoə)	n.	割草機

13.

mud [1]	(mʌd)	*n.* 泥巴
muddy [4]	('mʌdɪ)	*adj.* 泥濘的
mug [1]	(mʌg)	*n.* 馬克杯
multiple [4]	('mʌltəpḷ)	*adj.* 多重的
multiply [2]	('mʌltə،plaɪ)	*v.* 繁殖
mumble [5]	('mʌmbḷ)	*v.* 喃喃地說
murder [3]	('mɝdɚ)	*v. n.* 謀殺
murderer [4]	('mɝdərɚ)	*n.* 兇手
murmur [4]	('mɝmɚ)	*n.* 喃喃自語

14.

muscle [3]	('mʌsḷ)	*n.* 肌肉
muscular [5]	('mʌskjələ)	*adj.* 肌肉的
mushroom [3]	('mʌʃrum)	*n.* 蘑菇
muse [5]	(mjuz)	*v.* 沉思
museum [2]	(mju'ziəm)	*n.* 博物館
musician [2]	(mju'zɪʃən)	*n.* 音樂家
must [1]	(mʌst)	*aux.* 必須
mustard [5]	('mʌstəd)	*n.* 芥末
mustache [4]	('mʌstæʃ)	*n.* 八字鬍

15.

mute ⁶	(mjut)	adj.	啞的
mule ²	(mjul)	n.	騾ㄌㄨㄛ
municipal ⁶	(mju'nɪsəpl̩)	adj.	市立的
mutter ⁵	('mʌtə)	v.	喃喃地說
mutton ⁵	('mʌtn̩)	n.	羊肉
*mutual ⁴	('mjutʃʊəl)	adj.	互相的
*mystery ³	('mɪstrɪ)	n.	神祕
myth ⁵	(mɪθ)	n.	神話
mythology ⁶	(mɪ'θɑlədʒɪ)	n.	神話

16.

nag ⁵	(næg)	v.	嘮叨
*nap ³	(næp)	n.	小睡
‡napkin ²	('næpkɪn)	n.	餐巾
narrate ⁶	('næret)	v.	敘述
narrator ⁶	('næretə)	n.	敘述者
narrative ⁶	('nærətɪv)	n.	敘述
‡nation ¹	('neʃən)	n.	國家
‡national ²	('næʃənl̩)	adj.	全國的
*nationality ⁴	(,næʃən'ælətɪ)	n.	國籍

17.

‡**nature** [1]	(ˈnetʃɚ)	n.	自然
‡**natural** [2]	(ˈnætʃərəl)	adj.	自然的
naturalist [6]	(ˈnætʃərəlɪst)	n.	自然主義者

naval [6]	(ˈnevḷ)	adj.	海軍的
navel [6]	(ˈnevḷ)	n.	肚臍
‡**naughty** [2]	(ˈnɔtɪ)	adj.	頑皮的

navigate [5]	(ˈnævə,get)	v.	航行
navigation [6]	(,nævəˈgeʃən)	n.	航行
*"**navy** [3]	(ˈnevɪ)	n.	海軍

18.

*"**nearby** [2]	(ˈnɪrˈbaɪ)	adv.	在附近
‡**nearly** [2]	(ˈnɪrlɪ)	adv.	幾乎
*"**nearsighted** [4]	(,nɪrˈsaɪtɪd)	adj.	近視的

‡**neck** [1]	(nɛk)	n.	脖子
‡**necklace** [2]	(ˈnɛklɪs)	n.	項鍊
*"**necktie** [3]	(ˈnɛk,taɪ)	n.	領帶

‡**need** [1]	(nid)	v.	需要
*"**needy** [4]	(ˈnidɪ)	adj.	窮困的
‡**needle** [2]	(ˈnidḷ)	n.	針

19.

•**neglect** 4	〔 nɪ'glɛkt 〕	v.	忽略
•**negotiate** 4	〔 nɪ'goʃɪ,et 〕	v.	談判
negotiation 6	〔 nɪ,goʃɪ'eʃən 〕	n.	談判
‡**neighbor** 2	〔 'nebɚ 〕	n.	鄰居
•**neighborhood** 3	〔 'nebɚ,hud 〕	n.	鄰近地區
‡**nephew** 2	〔 'nɛfju 〕	n.	姪兒
•**nerve** 3	〔 nɝv 〕	n.	神經
‡**nervous** 3	〔 'nɝvəs 〕	adj.	緊張的
‡**nest** 2	〔 nɛst 〕	n.	巢

20.

•**net** 2	〔 nɛt 〕	n.	網
•**network** 3	〔 'nɛt,wɝk 〕	n.	網路
neutral 6	〔 'njutrəl 〕	adj.	中立的
‡**news** 1	〔 njuz 〕	n.	新聞
newscast 5	〔 'njuz,kæst 〕	n.	新聞報導
newscaster 6	〔 'njuz,kæstɚ 〕	n.	新聞播報員
nickel 5	〔 'nɪkḷ 〕	n.	五分錢硬幣
•**nickname** 3	〔 'nɪk,nem 〕	n.	綽號
‡**niece** 2	〔 nis 〕	n.	姪女

21.

‡**night** [1]	(naɪt)	n. 晚上
nightingale [5]	('naɪtn̩ˌgel)	n. 夜鶯
·**nightmare** [4]	('naɪtˌmɛr)	n. 惡夢
nominate [5]	('nɑməˌnet)	v. 提名
nomination [6]	(ˌnɑmə'neʃən)	n. 提名
nominee [6]	(ˌnɑmə'ni)	n. 被提名人
norm [6]	(nɔrm)	n. 標準
·**normal** [3]	('nɔrml̩)	adj. 正常的
‡**north** [1]	(nɔrθ)	n. 北方

22.

·**note** [1]	(not)	n. 筆記
notable [5]	('notəbl̩)	adj. 值得注意的
‡**notebook** [2]	('notˌbʊk)	n. 筆記本
‡**notice** [1]	('notɪs)	v. 注意到
noticeable [5]	('notɪsəbl̩)	adj. 明顯的
notify [5]	('notəˌfaɪ)	v. 通知
‡‡**nose** [1]	(noz)	n. 鼻子
notion [5]	('noʃən)	n. 觀念
notorious [6]	(no'torɪəs)	adj. 惡名昭彰的

23.

*noun⁴	〔 naʊn 〕	n.	名詞
*nourish⁶	〔 ˈnɜ·ɪʃ 〕	v.	滋養
*nourishment⁶	〔 ˈnɜ·ɪʃmənt 〕	n.	滋養品
‡novel²	〔 ˈnɑvḷ 〕	n.	小說
*novelist³	〔 ˈnɑvḷɪst 〕	n.	小說家
novice⁵	〔 ˈnɑvɪs 〕	n.	初學者
nude⁵	〔 njud 〕	adj.	裸體的
*nuclear⁴	〔 ˈnjuklɪə 〕	adj.	核子的
nucleus⁵	〔 ˈnjuklɪəs 〕	n.	核心

24.

‡number¹	〔 ˈnʌmbə 〕	n.	數字
*numerous⁴	〔 ˈnjumərəs 〕	adj.	非常多的
nuisance⁶	〔 ˈnjusṇs 〕	n.	討厭的人或物
‡nurse¹	〔 nɜs 〕	n.	護士
*nursery⁴	〔 ˈnɜsərɪ 〕	n.	育兒室
nurture⁶	〔 ˈnɜtʃə 〕	v.	養育
nutrition⁶	〔 njuˈtrɪʃən 〕	n.	營養
nutritious⁶	〔 njuˈtrɪʃəs 〕	adj.	有營養的
nutrient⁶	〔 ˈnjutrɪənt 〕	n.	營養素

25.

*oak [3]	(ok)	*n.* 橡樹
oath [5]	(oθ)	*n.* 宣誓
oatmeal [5]	('ot,mil)	*n.* 燕麥片
‡obey [2]	(ə'be)	*v.* 遵守
*obedient [4]	(ə'bidɪənt)	*adj.* 服從的
*obedience [4]	(ə'bidɪəns)	*n.* 服從
‡object [2]	(əb'dʒɛkt)	*v.* 反對
*objection [4]	(əb'dʒɛkʃən)	*n.* 反對
*objective [4]	(əb'dʒɛktɪv)	*adj.* 客觀的

26.

oblige [6]	(ə'blaɪdʒ)	*v.* 使感激
obligation [6]	(,ablə'geʃən)	*n.* 義務
oblong [5]	('ablɔŋ)	*n.* 長方形
*observe [3]	(əb'zɝv)	*v.* 觀察
*observation [4]	(,abzɚ'veʃən)	*n.* 觀察
observer [5]	(əb'zɝvɚ)	*n.* 觀察者
*obstacle [4]	('abstəkl̩)	*n.* 阻礙
obstinate [5]	('abstənɪt)	*adj.* 頑固的
obscure [6]	(əb'skjur)	*adj.* 模糊的

27.

·**occasion**³	〔ə'keʒən〕	*n.*	場合
·**occasional**⁴	〔ə'keʒənḷ〕	*adj.*	偶爾的
·**occupy**⁴	〔'ɑkjə,paɪ〕	*v.*	佔據
·**occupation**⁴	〔,ɑkjə'peʃən〕	*n.*	職業
·**occur**²	〔ə'kɝ〕	*v.*	發生
occurrence⁵	〔ə'kɝəns〕	*n.*	事件
‡**October**¹	〔ɑk'tobɚ〕	*n.*	十月
octopus⁵	〔'ɑktəpəs〕	*n.*	章魚
‡**ocean**¹	〔'oʃən〕	*n.*	海洋

28.

·**offend**⁴	〔ə'fɛnd〕	*v.*	冒犯
·**offense**⁴	〔ə'fɛns〕	*n.*	攻擊
·**offensive**⁴	〔ə'fɛnsɪv〕	*adj.*	無禮的
‡**office**¹	〔'ɔfɪs〕	*n.*	辦公室
‡**officer**¹	〔'ɔfəsɚ〕	*n.*	軍官
·**official**²	〔ə'fɪʃəl〕	*adj.*	正式的
‡**offer**²	〔'ɔfɚ〕	*v. n.*	提供
offering⁶	〔'ɔfərɪŋ〕	*n.*	提供
offspring⁶	〔'ɔf,sprɪŋ〕	*n.*	子孫

29.

•opera [4]	﹝'ɑpərə﹞	n. 歌劇
•operate [2]	﹝'ɑpə,ret﹞	v. 操作
‡operation [4]	﹝,ɑpə'reʃən﹞	n. 手術
operational [6]	﹝,ɑpə'reʃənḷ﹞	adj. 操作上的
•operator [3]	﹝'ɑpə,retə﹞	n. 接線生
‡opinion [2]	﹝ə'pɪnjən﹞	n. 意見
•oppose [4]	﹝ə'poz﹞	v. 反對
opposition [6]	﹝,ɑpə'zɪʃən﹞	n. 反對
•opposite [3]	﹝'ɑpəzɪt﹞	adj. 相反的

30.

oppress [6]	﹝ə'prɛs﹞	v. 壓迫
oppression [6]	﹝ə'prɛʃən﹞	n. 壓迫
opponent [5]	﹝ə'ponənt﹞	n. 對手
optimism [5]	﹝'ɑptə,mɪzəm﹞	n. 樂觀
•optimistic [3]	﹝,ɑptə'mɪstɪk﹞	adj. 樂觀的
•opportunity [3]	﹝,ɑpə'tjunətɪ﹞	n. 機會
option [6]	﹝'ɑpʃən﹞	n. 選擇
optional [6]	﹝'ɑpʃənḷ﹞	adj. 可選擇的
oral [4]	﹝'ɔrəl﹞	adj. 口頭的

31.

‡**order** [1]	('ɔrdɚ)	*n.*	命令
orderly [6]	('ɔrdɚlɪ)	*adj.*	整齊的
‡**ordinary** [2]	('ɔrdn͵ɛrɪ)	*adj.*	普通的
·**organ** [2]	('ɔrgən)	*n.*	器官
·**organic** [4]	(ɔr'gænɪk)	*adj.*	有機的
organism [6]	('ɔrgən͵ɪzəm)	*n.*	生物
·**organize** [2]	('ɔrgən͵aɪz)	*v.*	組織
organizer [5]	('ɔrgən͵aɪzɚ)	*n.*	組織者
·**organization** [2]	(͵ɔrgənə'zeʃən)	*n.*	組織

32.

·**origin** [3]	('ɔrədʒɪn)	*n.*	起源
·**original** [3]	(ə'rɪdʒənḷ)	*adj.*	最初的
originality [6]	(ə͵rɪdʒə'nælətɪ)	*n.*	創意
originate [6]	(ə'rɪdʒə͵net)	*v.*	起源
Orient [5]	('orɪ͵ɛnt)	*n.*	東方
Oriental [5]	(͵orɪ'ɛntḷ)	*adj.*	東方的
*·**orphan** [3]	('ɔrfən)	*n.*	孤兒
orphanage [5]	('ɔrfənɪdʒ)	*n.*	孤兒院
ornament [5]	('ɔrnəmənt)	*n.*	裝飾品

33.

out [1]	〔 aʊt 〕	*adv.* 向外
outbreak [6]	〔'aʊt,brek 〕	*n.* 爆發
outcome [4]	〔'aʊt,kʌm 〕	*n.* 結果
outdo [5]	〔 aʊt'du 〕	*v.* 勝過
outdoor [3]	〔'aʊt,dor 〕	*adj.* 戶外的
outdoors [3]	〔'aʊt'dorz 〕	*adv.* 在戶外
outer [3]	〔'aʊtɚ 〕	*adj.* 外部的
outfit [6]	〔'aʊt,fɪt 〕	*n.* 服裝
outgoing [5]	〔'aʊt,goɪŋ 〕	*adj.* 外向的

34.

outlaw [6]	〔'aʊt,lɔ 〕	*n.* 罪犯
outlet [6]	〔'aʊt,lɛt 〕	*n.* 出口
outline [3]	〔'aʊt,laɪn 〕	*n.* 大綱
output [5]	〔'aʊt,pʊt 〕	*n.* 產量
outlook [6]	〔'aʊt,lʊk 〕	*n.* 看法
outnumber [6]	〔 aʊt'nʌmbɚ 〕	*v.* 比…多
outright [6]	〔'aʊt,raɪt 〕	*adj.* 直率的
outrage [6]	〔'aʊt,redʒ 〕	*n.* 暴行
outrageous [6]	〔 aʊt'redʒəs 〕	*adj.* 殘暴的

35.

‡**outside** [1]	〔'aut'saɪd 〕	adv. 在外面
outsider [5]	〔aut'saɪdə 〕	n. 外人
outskirts [5]	〔'aut,skɜts 〕	n.pl. 郊區
outset [6]	〔'aut,sɛt 〕	n. 開始
***outstanding** [4]	〔'aut'stændɪŋ 〕	adj. 傑出的
outward [5]	〔'autwəd 〕	adj. 向外的
outing [6]	〔'autɪŋ 〕	n. 出遊
***oval** [4]	〔'ovl 〕	adj. 橢圓形的
‡**oven** [2]	〔'ʌvən 〕	n. 烤箱

36.

overdo [5]	〔'ovə'du 〕	v. 做…過火
overeat [5]	〔'ovə'it 〕	v. 吃得過多
***overcome** [4]	〔,ovə'kʌm 〕	v. 克服
overflow [5]	〔,ovə'flo 〕	v. 氾濫
overhear [5]	〔,ovə'hɪr 〕	v. 無意間聽到
overlap [6]	〔,ovə'læp 〕	v. 重疊
***overlook** [4]	〔,ovə'luk 〕	v. 忽視
oversleep [5]	〔'ovə'slip 〕	v. 睡過頭
***overtake** [4]	〔,ovə'tek 〕	v. 趕上

一口氣背 **7000 字** ⑩

1.

overhead 6	(ˈovɚˌhɛd)	*adj.*	頭上的
*overnight 4	(ˈovɚˈnaɪt)	*adv.*	一夜之間
*overpass 2	(ˈovɚˌpæs)	*n.*	天橋
overwork 5	(ˈovɚˈwɜk)	*v. n.*	工作過度
overturn 6	(ˌovɚˈtɜn)	*v.*	打翻
*overthrow 4	(ˌovɚˈθro)	*v.*	推翻
*overcoat 3	(ˈovɚˌkot)	*n.*	大衣
overall 5	(ˈovɚˌɔl)	*adj.*	全面的
overwhelm 5	(ˌovɚˈhwɛlm)	*v.*	壓倒

2.

*own 1	(on)	*v.*	擁有
*owner 2	(ˈonɚ)	*n.*	擁有者
*ownership 3	(ˈonɚˌʃɪp)	*n.*	所有權
*ox 2	(ɑks)	*n.*	公牛
*oxygen 4	(ˈɑksədʒən)	*n.*	氧
oyster 5	(ˈɔɪstɚ)	*n.*	牡蠣
*owe 3	(o)	*v.*	欠
*owl 2	(aul)	*n.*	貓頭鷹
ozone 5	(ˈozon)	*n.*	臭氧

3.

‡pack²	(pæk)	v. 打包
packet⁵	('pækɪt)	n. 小包
package²	('pækɪdʒ)	n. 包裹
*pad³	(pæd)	n. 墊子
paddle⁵	('pædl)	n. 槳
pact⁶	(pækt)	n. 協定
‡page¹	(pedʒ)	n. 頁
*pace⁴	(pes)	n. 步調
pacific⁵	(pə'sɪfɪk)	adj. 和平的

4.

‡pain²	(pen)	n. 疼痛
‡painful²	('penfəl)	adj. 疼痛的
*pail³	(pel)	n. 桶
‡paint¹	(pent)	v. 畫
‡painter²	('pentɚ)	n. 畫家
*painting²	('pentɪŋ)	n. 畫
*pal³	(pæl)	n. 夥伴
*palace³	('pælɪs)	n. 宮殿
‡pale³	(pel)	adj. 蒼白的

5.

pan [2]	(pæn)	*n.* 平底鍋
pancake [3]	('pæn,kek)	*n.* 薄煎餅
panda [2]	('pændə)	*n.* 貓熊
pane [5]	(pen)	*n.* 窗玻璃
panel [4]	('pænḷ)	*n.* 面板
panic [3]	('pænɪk)	*v. n.* 恐慌
palm [2]	(pɑm)	*n.* 手掌
pamphlet [5]	('pæmflɪt)	*n.* 小冊子
pants [1]	(pænts)	*n. pl.* 褲子

6.

paradise [3]	('pærə,daɪs)	*n.* 天堂
paradox [5]	('pærə,dɑks)	*n.* 矛盾
parachute [4]	('pærə,ʃut)	*n.* 降落傘
paragraph [4]	('pærə,græf)	*n.* 段落
parallel [5]	('pærə,lɛl)	*adj.* 平行的
paralyze [6]	('pærə,laɪz)	*v.* 使麻痺
parcel [3]	('pɑrsḷ)	*n.* 郵包
pardon [2]	('pɑrdṇ)	*n. v.* 原諒
parliament [6]	('pɑrləmənt)	*n.* 國會

7.

part [1]	(part)	n. 部分
‡**party** [1]	('partɪ)	n. 宴會
***partial** [4]	('parʃəl)	adj. 部分的
***participate** [3]	(par'tɪsə,pet)	v. 參加
***participation** [4]	(pə,tɪsə'peʃən)	n. 參與
participant [5]	(pə'tɪsəpənt)	n. 參加者
***participle** [4]	('partəsəpl̩)	n. 分詞
particle [5]	('partɪkl̩)	n. 粒子
***particular** [2]	(pə'tɪkjələ)	adj. 特別的

8.

partly [5]	('partlɪ)	adv. 部分地
‡**partner** [2]	('partnə)	n. 夥伴
***partnership** [4]	('partnə,ʃɪp)	n. 合夥關係
‡**pass** [1]	(pæs)	v. 經過
***passage** [3]	('pæsɪdʒ)	n. 一段 (文章)
‡**passenger** [2]	('pæsn̩dʒə)	n. 乘客
***passion** [3]	('pæʃən)	n. 熱情
passionate [5]	('pæʃənɪt)	adj. 熱情的
***passive** [4]	('pæsɪv)	adj. 被動的

9.

‡**past** [1]	(pæst)	*adj.*	過去的
***pasta** [4]	('pɑstə)	*n.*	義大利麵
pastime [5]	('pæs,taɪm)	*n.*	消遣

‡**paste** [2]	(pest)	*n.*	漿糊
pastry [5]	('pestrɪ)	*n.*	糕餅
***pat** [2]	(pæt)	*v.*	輕拍

patch [5]	(pætʃ)	*n.*	補丁
‡**path** [2]	(pæθ)	*n.*	小徑
pathetic [6]	(pə'θɛtɪk)	*adj.*	可憐的

10.

patriot [5]	('petrɪət)	*n.*	愛國者
patriotic [6]	(,petrɪ'ɑtɪk)	*adj.*	愛國的
patron [5]	('petrən)	*n.*	贊助者

‡**patient** [2]	('peʃənt)	*adj.*	有耐心的
***patience** [3]	('peʃəns)	*n.*	耐心
***payment** [1]	('pemənt)	*n.*	付款

***pave** [3]	(pev)	*v.*	鋪 (路)
***pavement** [3]	('pevmənt)	*n.*	人行道
***paw** [3]	(pɔ)	*n.*	(貓、狗的)腳掌

11.

*pea³	(pi)	n. 豌豆
*peace²	(pis)	n. 和平
*peaceful²	('pisfəl)	adj. 和平的
*peach²	(pitʃ)	n. 桃子
peacock⁵	('pi͵kɑk)	n. 孔雀
*peanut²	('pi͵nʌt)	n. 花生
*pear²	(pɛr)	n. 西洋梨
*pearl³	(pɝl)	n. 珍珠
peasant⁵	('pɛznt)	n. 農夫

12.

*pedal⁴	('pɛdl̩)	n. 踏板
peddler⁵	('pɛdlə)	n. 小販
pedestrian⁶	(pə'dɛstrɪən)	n. 行人
*pen¹	(pɛn)	n. 筆
*pencil¹	('pɛnsl̩)	n. 鉛筆
*penalty⁴	('pɛnl̩tɪ)	n. 處罰
penetrate⁵	('pɛnə͵tret)	v. 穿透
*penguin²	('pɛngwɪn)	n. 企鵝
peninsula⁶	(pə'nɪnsələ)	n. 半島

13.

•per²	〔 pɚ 〕	*prep.* 每…
perceive⁵	〔 pɚˈsiv 〕	*v.* 察覺
perception⁶	〔 pɚˈsɛpʃən 〕	*n.* 知覺

•percent⁴	〔 pɚˈsɛnt 〕	*n.* 百分之…
•percentage⁴	〔 pɚˈsɛntɪdʒ 〕	*n.* 百分比
perch⁵	〔 pɝtʃ 〕	*n.* (鳥的)棲木

‡perfect²	〔 ˈpɝfɪkt 〕	*adj.* 完美的
•perfection⁴	〔 pɚˈfɛkʃən 〕	*n.* 完美
•perfume⁴	〔 ˈpɝfjum 〕	*n.* 香水

14.

•perform³	〔 pɚˈfɔrm 〕	*v.* 表演
•performance³	〔 pɚˈfɔrməns 〕	*n.* 表演
performer⁵	〔 pɚˈfɔrmɚ 〕	*n.* 表演者

peril⁵	〔 ˈpɛrəl 〕	*n.* 危險
perish⁵	〔 ˈpɛrɪʃ 〕	*v.* 死亡
•permanent⁴	〔 ˈpɝmənənt 〕	*adj.* 永久的

•permit³	〔 pɚˈmɪt 〕	*v.* 允許
•permission³	〔 pɚˈmɪʃən 〕	*n.* 許可
permissible⁵	〔 pɚˈmɪsəbl̩ 〕	*adj.* 可允許的

15.

persist [5]	(pəˋsɪst)	v. 堅持
persistence [6]	(pəˋsɪstəns)	n. 堅持
persistent [6]	(pəˋsɪstənt)	adj. 持續的
*personal [2]	(ˋpɝsn̩l)	adj. 個人的
*personality [3]	(ˌpɝsn̩ˋælətɪ)	n. 個性
personnel [5]	(ˌpɝsn̩ˋɛl)	n. 全體職員
*persuade [3]	(pəˋswed)	v. 說服
*persuasion [4]	(pəˋsweʒən)	n. 說服力
*persuasive [4]	(pəˋswesɪv)	adj. 有說服力的

16.

‡‡pet [1]	(pɛt)	n. 寵物
*petal [4]	(ˋpɛtl̩)	n. 花瓣
petroleum [6]	(pəˋtrolɪəm)	n. 石油
*pest [3]	(pɛst)	n. 害蟲
pesticide [6]	(ˋpɛstɪˌsaɪd)	n. 殺蟲劑
petty [6]	(ˋpɛtɪ)	adj. 小的
pharmacy [6]	(ˋfɑrməsɪ)	n. 藥房
pharmacist [6]	(ˋfɑrməsɪst)	n. 藥劑師
phase [6]	(fez)	n. 階段

17.

*photo²	('foto)	n.	照片
*photograph²	('fotə,græf)	n.	照片
*photographer²	(fə'tɑgrəfə)	n.	攝影師
*physics⁴	('fızıks)	n.	物理學
*physicist⁴	('fızəsıst)	n.	物理學家
*physician⁴	(fə'zıʃən)	n.	內科醫生
*philosophy⁴	(fə'lɑsəfı)	n.	哲學
*philosopher⁴	(fə'lɑsəfə)	n.	哲學家
*phenomenon⁴	(fə'nɑmə,nɑn)	n.	現象

18.

*pick²	(pık)	v.	挑選
*pickle³	('pıkḷ)	n.	酸黃瓜
*pickpocket⁴	('pık,pɑkıt)	n.	扒手
*picnic²	('pıknık)	n.	野餐
*picture¹	('pıktʃə)	n.	圖畫
picturesque⁶	(,pıktʃə'rɛsk)	adj.	風景如畫的
*pie¹	(paı)	n.	派
piety⁶	('paıətı)	n.	虔誠
pier⁵	(pır)	n.	碼頭

19.

‡**pig** [1]	(pɪg)	*n.*	豬
***pigeon** [2]	('pɪdʒɪn)	*n.*	鴿子
•**pilgrim** [4]	('pɪlgrɪm)	*n.*	朝聖者
•**pill** [3]	(pɪl)	*n.*	藥丸
pillar [5]	('pɪlɚ)	*n.*	柱子
‡**pillow** [2]	('pɪlo)	*n.*	枕頭
‡**pin** [2]	(pɪn)	*n.*	別針
pinch [5]	(pɪntʃ)	*v.*	捏
pimple [5]	('pɪmpḷ)	*n.*	青春痘

20.

•**pine** [3]	(paɪn)	*n.*	松樹
***pineapple** [2]	('paɪn,æpḷ)	*n.*	鳳梨
•**ping-pong** [2]	('pɪŋ,paŋ)	*n.*	乒乓球
pint [3]	(paɪnt)	*n.*	品脫
•**pioneer** [4]	(,paɪə'nɪr)	*n.*	先驅
pious [6]	('paɪəs)	*adj.*	虔誠的
‡**pipe** [2]	(paɪp)	*n.*	管子
pipeline [6]	('paɪp,laɪn)	*n.*	管線
•**pirate** [4]	('paɪrət)	*n.*	海盜

21.

·**pit** ³	〔 pɪt 〕	*n.* 洞
·**pitch** ²	〔 pɪtʃ 〕	*v.* 投擲
pitcher ⁶	〔 'pɪtʃɚ 〕	*n.* 投手
piss ⁵	〔 pɪs 〕	*v.* 小便
pistol ⁵	〔 'pɪstl̩ 〕	*n.* 手槍
‡**pizza** ²	〔 'pitsə 〕	*n.* 披薩
‡**plan** ¹	〔 plæn 〕	*n.v.* 計劃
‡**plant** ¹	〔 plænt 〕	*n.* 植物
plantation ⁵	〔 plæn'teʃən 〕	*n.* 大農場

22.

‡**player** ¹	〔 'pleɚ 〕	*n.* 選手
‡**playground** ¹	〔 'ple‚graʊnd 〕	*n.* 運動場
playwright ⁵	〔 'ple‚raɪt 〕	*n.* 劇作家
plea ⁵	〔 pli 〕	*n.* 懇求
plead ⁵	〔 plid 〕	*v.* 懇求
‡**please** ¹	〔 pliz 〕	*v.* 取悅
‡**pleasant** ²	〔 'plɛznt 〕	*adj.* 令人愉快的
·**pleasure** ²	〔 'plɛʒɚ 〕	*n.* 樂趣
pledge ⁵	〔 plɛdʒ 〕	*v.* 保證

23.

*plug³	(plʌg)	n. 插頭
*plum³	(plʌm)	n. 梅子
*plumber³	('plʌmə)	n. 水管工人
pluck⁵	(plʌk)	v. 拔出
‡plus²	(plʌs)	prep. 加上
plunge⁵	(plʌndʒ)	v. 跳進
*plenty³	('plɛntɪ)	n. 豐富
*plentiful⁴	('plɛntɪfəl)	adj. 豐富的
plight⁶	(plaɪt)	n. 困境

24.

‡pocket¹	('pakɪt)	n. 口袋
pocketbook⁵	('pakɪt,bʊk)	n. 口袋書
‡poem²	('po·ɪm)	n. 詩
*poet²	('po·ɪt)	n. 詩人
*poetry¹	('po·ɪtrɪ)	n. 詩
poetic⁵	(po'ɛtɪk)	adj. 詩的
‡point¹	(pɔɪnt)	n. 點
‡poison²	('pɔɪzn̩)	n. 毒藥
*poisonous⁴	('pɔɪznəs)	adj. 有毒的

25.

‡**police** [1]	(pə'lis)	n.	警察
***policeman** [1]	(pə'lismən)	n.	警察
***policy** [2]	('paləsɪ)	n.	政策
***politics** [3]	('palə,tɪks)	n.	政治學
***political** [3]	(pə'lɪtɪkḷ)	adj.	政治的
***politician** [3]	(,palə'tɪʃən)	n.	政治人物
‡**pollute** [3]	(pə'lut)	v.	污染
‡**pollution** [4]	(pə'luʃən)	n.	污染
pollutant [6]	(pə'lutṇt)	n.	污染物

26.

‡**pond** [1]	(pand)	n.	池塘
ponder [6]	('pandɚ)	v.	沉思
***pony** [3]	('ponɪ)	n.	小馬
***pop** [3]	(pap)	adj.	流行的
‡**popcorn** [1]	('pap,kɔrn)	n.	爆米花
‡**popular** [2,3]	('papjələ)	adj.	受歡迎的
***popularity** [4]	(,papjə'lærətɪ)	n.	受歡迎
populate [6]	('papjə,let)	v.	居住於
‡**population** [2]	(,papjə'leʃən)	n.	人口

27.

*port[2]	(port)	n.	港口
*portable[4]	('portəbḷ)	adj.	手提的
*porter[4]	('portɚ)	n.	(行李) 搬運員
*portion[3]	('porʃən)	n.	部分
*portrait[3]	('portret)	n.	肖像
*portray[4]	(por'tre)	v.	描繪
*pose[2]	(poz)	n.	姿勢
*position[1]	(pə'zɪʃən)	n.	位置
*positive[2]	('pazətɪv)	adj.	肯定的

28.

possess[4]	(pə'zɛs)	v.	擁有
*possession[4]	(pə'zɛʃən)	n.	擁有
*possibility[2]	(ˌpasə'bɪlətɪ)	n.	可能性
*post[2]	(post)	n.	郵政
*postage[3]	('postɪdʒ)	n.	郵資
**postcard[2]	('post,kard)	n.	明信片
*poster[3]	('postɚ)	n.	海報
*postpone[3]	(post'pon)	v.	延期
*postponement[3]	(post'ponmənt)	n.	延期

29.

*pot ²	〔 pɑt 〕	*n.*	鍋子
*pottery ³	〔'pɑtə·ɪ 〕	*n.*	陶器
potential ⁵	〔 pə'tɛnʃəl 〕	*n.*	潛力
*pour ³	〔 por 〕	*v.*	傾倒
*poultry ⁴	〔'poltrɪ 〕	*n.*	家禽
*poverty ³	〔'pɑvə·tɪ 〕	*n.*	貧窮
‡power ¹	〔'pɑʊə· 〕	*n.*	力量
*powerful ²	〔'pɑʊə·fəl 〕	*adj.*	強有力的
‡powder ³	〔'pɑʊdə· 〕	*n.*	粉末

30.

*pray ²	〔 pre 〕	*v.*	祈禱
*prayer ³	〔'preə· 〕	*n.*	祈禱者
‡praise ²	〔 prez 〕	*v. n.*	稱讚
‡practice ¹	〔'præktɪs 〕	*v.*	練習
*practical ³	〔'præktɪkḷ 〕	*adj.*	實際的
prairie ⁵	〔'prɛrɪ 〕	*n.*	大草原
precede ⁶	〔 prɪ'sid 〕	*v.*	在⋯之前
precedent ⁶	〔'prɛsədənt 〕	*n.*	先例
preach ⁵	〔 pritʃ 〕	*v.*	說教

31.

*predict ⁴	(prɪ'dɪkt)	v. 預測
prediction ⁶	(prɪ'dɪkʃən)	n. 預測
*precise ⁴	(prɪ'saɪs)	adj. 精確的
*prefer ²	(prɪ'fɝ)	v. 比較喜歡
*preferable ⁴	('prɛfərəbl)	adj. 比較好的
preference ⁵	('prɛfərəns)	n. 比較喜歡
*precious ³	('prɛʃəs)	adj. 珍貴的
*pregnant ⁴	('prɛgnənt)	adj. 懷孕的
*pregnancy ⁴	('prɛgnənsɪ)	n. 懷孕

32.

premature ⁶	(,primə'tʃur)	adj. 過早的
preliminary ⁶	(prɪ'lɪmə,nɛrɪ)	adj. 初步的
prehistoric ⁵	(,prihɪs'tɔrɪk)	adj. 史前的
preface ⁶	('prɛfɪs)	n. 序言
prejudice ⁶	('prɛdʒədɪs)	n. 偏見
predecessor ⁶	('prɛdɪ,sɛsɚ)	n. 前任
***prepare ¹	(prɪ'pɛr)	v. 準備
*preparation ³	(,prɛpə'reʃən)	n. 準備
*preposition ⁴	(,prɛpə'zɪʃən)	n. 介系詞

33.

‡present [2]	('prɛznt)	adj. 出席的
*presence [2]	('prɛzns)	n. 出席
*presentation [4]	(,prɛzn'teʃən)	n. 報告

preside [6]	(prɪ'zaɪd)	v. 主持
‡president [2]	('prɛzədənt)	n. 總統
presidential [6]	(,prɛzə'dɛnʃəl)	adj. 總統的

*preserve [4]	(prɪ'zɜv)	v. 保存
prescribe [6]	(prɪ'skraɪb)	v. 開藥方
prescription [6]	(prɪ'skrɪpʃən)	n. 藥方

34.

*press [2]	(prɛs)	v. 壓
‡pressure [3]	('prɛʃɚ)	n. 壓力
prestige [6]	(prɛs'tiʒ)	n. 聲望

*prevent [3]	(prɪ'vɛnt)	v. 預防
*prevention [4]	(prɪ'vɛnʃən)	n. 預防
preventive [6]	(prɪ'vɛntɪv)	adj. 預防的

‡‡price [1]	(praɪs)	n. 價格
priceless [5]	('praɪslɪs)	adj. 無價的
*pride [2]	(praɪd)	n. 驕傲

35.

*__prime__ ⁴	(praɪm)	adj.	上等的
‡__primary__ ³	('praɪˌmɛrɪ)	adj.	主要的
*__primitive__ ⁴	('prɪmətɪv)	adj.	原始的
‡__prince__ ²	(prɪns)	n.	王子
‡__princess__ ²	('prɪnsɪs)	n.	公主
‡__principal__ ²	('prɪnsəpļ)	n.	校長
*__principle__ ²	('prɪnsəpļ)	n.	原則
‡__print__ ¹	(prɪnt)	v.	印刷
*__printer__ ²	('prɪntɚ)	n.	印表機

36.

__prior__ ⁵	('praɪɚ)	adj.	之前的
__priority__ ⁵	(praɪ'ɔrətɪ)	n.	優先權
*__prisoner__ ²	('prɪznɚ)	n.	囚犯
‡__private__ ²	('praɪvɪt)	adj.	私人的
*__privacy__ ⁴	('praɪvəsɪ)	n.	隱私權
*__privilege__ ⁴	('prɪvļɪdʒ)	n.	特權
*__proceed__ ⁴	(prə'sid)	v.	前進
*__procedure__ ⁴	(prə'sidʒɚ)	n.	程序
*__process__ ³	('prɑsɛs)	n.	過程

一口氣背 7000 字 ⑪

1.

produce²	(prə'djus)	v. 生產
producer²	(prə'djusɚ)	n. 生產者
product³	('prɑdəkt)	n. 產品
production⁴	(prə'dʌkʃən)	n. 生產
productive⁴	(prə'dʌktɪv)	adj. 有生產力的
productivity⁶	(,prodʌk'tɪvətɪ)	n. 生產力
profession⁴	(prə'fɛʃən)	n. 職業
professional⁴	(prə'fɛʃənl̩)	adj. 職業的
professor⁴	(prə'fɛsɚ)	n. 教授

2.

*profit³	('prɑfɪt)	n. 利潤
profitable⁴	('prɑfɪtəbl̩)	adj. 有利可圖的
*profile⁵	('profaɪl)	n. 輪廓
*progress²	(prə'grɛs)	v. 進步
*progressive⁶	(prə'grɛsɪv)	adj. 進步的
program³	('progræm)	n. 節目
*prohibit⁶	(pro'hɪbɪt)	v. 禁止
prohibition⁶	(,proə'bɪʃən)	n. 禁止
proficiency⁶	(prə'fɪʃənsɪ)	n. 精通

3.

*project²	〔prə'dʒɛkt〕	*v.*	投射
*projection⁶	〔prə'dʒɛkʃən〕	*n.*	投射
*prolong⁵	〔prə'lɔŋ〕	*v.*	延長
*promise²	〔'pramɪs〕	*v.*	保證
promising⁴	〔'pramɪsɪŋ〕	*adj.*	有前途的
prominent⁴	〔'pramənənt〕	*adj.*	卓越的
promote³	〔prə'mot〕	*v.*	使升遷
promotion⁴	〔prə'moʃən〕	*n.*	升遷
*prompt⁴	〔prampt〕	*adj.*	迅速的

4.

*pronoun⁴	〔'pronaʊn〕	*n.*	代名詞
*pronounce²	〔prə'naʊns〕	*v.*	發音
*pronunciation⁴	〔prə,nʌnsɪ'eʃən〕	*n.*	發音
*prone⁶	〔pron〕	*adj.*	易於…的
prop⁵	〔prap〕	*n.*	支柱
propaganda⁶	〔,prapə'gændə〕	*n.*	宣傳
propel⁶	〔prə'pɛl〕	*v.*	推進
*propeller⁶	〔prə'pɛlə〕	*n.*	推進器
*proportion⁵	〔prə'porʃən〕	*n.*	比例

5.

proper [3]	('prɑpɚ)	*adj.* 適當的
property [3]	('prɑpɚtɪ)	*n.* 財產
prophet [5]	('prɑfɪt)	*n.* 先知

*propose [2]	(prə'poz)	*v.* 提議
proposal [3]	(prə'pozḷ)	*n.* 提議
*prose [6]	(proz)	*n.* 散文

prosecute [6]	('prɑsɪˏkjut)	*v.* 起訴
*prosecution [6]	(ˏprɑsɪ'kjuʃən)	*n.* 起訴
*prospect [5]	('prɑspɛkt)	*n.* 期望

6.

*prosper [4]	('prɑspɚ)	*v.* 繁榮
prosperity [4]	(prɑs'pɛrətɪ)	*n.* 繁榮
prosperous [4]	('prɑspərəs)	*adj.* 繁榮的

protect [2]	(prə'tɛkt)	*v.* 保護
protection [3]	(prə'tɛkʃən)	*n.* 保護
*protective [3]	(prə'tɛktɪv)	*adj.* 保護的

*protein [4]	('protiɪn)	*n.* 蛋白質
protest [4]	('protɛst)	*n.* 抗議
prospective [6]	(prə'spɛktɪv)	*adj.* 預期的

7.

*province [5]	('prɑvɪns)	n. 省
*provincial [6]	(prə'vɪnʃəl)	adj. 地方的
*provoke [6]	(prə'vok)	v. 激怒
pub [3]	(pʌb)	n. 酒吧
*public [1]	('pʌblɪk)	adj. 公共的
*publication [4]	(,pʌblɪ'keʃən)	n. 出版(品)
publish [4]	('pʌblɪʃ)	v. 出版
*publicize [5]	('pʌblɪ,saɪz)	v. 宣傳
publicity [4]	(pʌb'lɪsətɪ)	n. 出名

8.

*punish [2]	('pʌnɪʃ)	v. 處罰
punishment [2]	('pʌnɪʃmənt)	n. 處罰
punctual [6]	('pʌŋktʃuəl)	adj. 準時的
*pump [2]	(pʌmp)	n. 抽水機
pumpkin [2]	('pʌmpkɪn)	n. 南瓜
punch [3]	(pʌntʃ)	v. 用拳頭打
*psychology [4]	(saɪ'kɑlədʒɪ)	n. 心理學
*psychologist [4]	(saɪ'kɑlədʒɪst)	n. 心理學家
*psychological [4]	(,saɪkə'lɑdʒɪkl̩)	adj. 心理的

9.

*puppy ²	('pʌpɪ)	n.	小狗
puppet ²	('pʌpɪt)	n.	木偶
*pupil ²	('pjupl)	n.	學生
*pure ³	(pjur)	adj.	純粹的
purify ⁶	('pjurə,faɪ)	v.	淨化
*purity ⁶	('pjurətɪ)	n.	純淨
purple ¹	('pɝpl)	adj.	紫色的
purpose ¹	('pɝpəs)	n.	目的
*purchase ⁵	('pɝtʃəs)	v.	購買

10.

qualify ⁵	('kwalə,faɪ)	v.	使合格
qualification ⁶	(,kwaləfə'keʃən)	n.	資格
quake ⁴	(kwek)	n.	地震
quality ²	('kwalətɪ)	n.	品質
quantity ²	('kwantətɪ)	n.	量
quack ⁵	(kwæk)	n.	密醫
quarrel ³	('kwɔrəl)	n. v.	爭吵
quart ⁵	(kwɔrt)	n.	夸脫
quarter ²	('kwɔrtɚ)	n.	四分之一

11.

‡**quest**[5]	〔 kwɛst 〕	n.	尋求
question[1]	〔'kwɛstʃən 〕	n.	問題
‡**questionnaire**[6]	〔,kwɛstʃən'ɛr 〕	n.	問卷

‡**queen**[1]	〔 kwin 〕	n.	女王
queer[3]	〔 kwɪr 〕	adj.	奇怪的
‡**query**[6]	〔'kwɛrɪ 〕	v. n.	詢問

‡**quit**[2]	〔 kwɪt 〕	v.	停止
quilt[4]	〔 kwɪlt 〕	n.	棉被
quite[1]	〔 kwaɪt 〕	adv.	非常

12.

‡**race**[1]	〔 res 〕	n.	種族
‡**racial**[3]	〔'reʃəl 〕	adj.	種族的
‡**racism**[6]	〔'resɪzəm 〕	n.	種族主義

‡**radar**[3]	〔'redɑr 〕	n.	雷達
radiant[6]	〔'redɪənt 〕	adj.	容光煥發的
radiate[6]	〔'redɪ,et 〕	v.	輻射

radiation[6]	〔,redɪ'eʃən 〕	n.	輻射線
radiator[6]	〔'redɪ,etɚ 〕	n.	暖爐
‡**radio**[1]	〔'redɪ,o 〕	n.	無線電

13.

*rag³	(ræg)	n. 破布
‡ragged⁵	('rægɪd)	adj. 破爛的
*rage⁴	(redʒ)	n. 憤怒
rail⁵	(rel)	n. 鐵軌
railroad¹	('rel,rod)	n. 鐵路
*raid⁶	(red)	n. 襲擊
radical⁶	('rædɪkl̩)	adj. 根本的
*radish⁵	('rædɪʃ)	n. 小蘿蔔
*radius⁵	('redɪəs)	n. 半徑

14.

rain¹	(ren)	n. 雨
rainy²	('renɪ)	adj. 下雨的
rainbow¹	('ren,bo)	n. 彩虹
*rainfall⁴	('ren,fɔl)	n. 降雨(量)
raise¹	(rez)	v. 提高
*raisin³	('rezn̩)	n. 葡萄乾
ranch⁵	(ræntʃ)	n. 牧場
*random⁶	('rændəm)	adj. 隨便的
*ransom⁶	('rænsəm)	n. 贖金

15.

‡**rat** [1]	﹝ræt﹞	*n.* 老鼠
‡**rattle** [5]	﹝'rætḷ﹞	*v.* 發格格聲
***rational** [6]	﹝'ræʃənḷ﹞	*adj.* 理性的
‡**rapid** [2]	﹝'ræpɪd﹞	*adj.* 迅速的
***rascal** [5]	﹝'ræskḷ﹞	*n.* 流氓
rash [6]	﹝ræʃ﹞	*adj.* 輕率的
rate [3]	﹝ret﹞	*n.* 速度
ratio [5]	﹝'reʃo﹞	*n.* 比例
razor [3]	﹝'rezɚ﹞	*n.* 刮鬍刀

16.

real [1]	﹝'riəl﹞	*adj.* 真的
realism [6]	﹝'riəl͵ɪzəm﹞	*n.* 寫實主義
reality [2]	﹝rɪ'ælətɪ﹞	*n.* 真實
realistic [4]	﹝͵riə'lɪstɪk﹞	*adj.* 寫實的
realize [2]	﹝'riə͵laɪz﹞	*v.* 了解
realization [6]	﹝͵riələ'zeʃən﹞	*n.* 了解
‡**rear** [5]	﹝rɪr﹞	*v.* 養育
***reason** [1]	﹝'rizṇ﹞	*n.* 理由
***reasonable** [3]	﹝'riznəbḷ﹞	*adj.* 合理的

17.

‡**rebel** 4	(rɪ'bɛl)	v. 反叛
rebellion 6	(rɪ'bɛljən)	n. 叛亂
‡**recall** 4	(rɪ'kɔl)	v. 回想
receive 1	(rɪ'siv)	v. 收到
receiver 3	(rɪ'sivɚ)	n. 聽筒
receipt 3	(rɪ'sit)	n. 收據
‡**reception** 4	(rɪ'sɛpʃən)	n. 歡迎(會)
·**recession** 6	(rɪ'sɛʃən)	n. 不景氣
recent 2	('risn̩t)	adj. 最近的

18.

·**recipe** 4	('rɛsəpɪ)	n. 食譜
·**recipient** 6	(rɪ'sɪpɪənt)	n. 接受者
·**recite** 4	(rɪ'saɪt)	v. 背誦
·**recognize** 3	('rɛkəg,naɪz)	v. 認得
recognition 4	(,rɛkəg'nɪʃən)	n. 承認
reckon 5	('rɛkən)	v. 計算
·**recommend** 5	(,rɛkə'mɛnd)	v. 推薦
·**recommendation** 6	(,rɛkəmɛn'deʃən)	n. 推薦(函)
‡**reconcile** 6	('rɛkən,saɪl)	v. 調解

19.

‡**record** ²	〔 rɪ'kɔrd 〕	v. 記錄
***recover** ³	〔 rɪ'kʌvə 〕	v. 恢復
***recovery** ⁴	〔 rɪ'kʌvərɪ 〕	n. 恢復
***recreation** ⁴	〔,rɛkrɪ'eʃən 〕	n. 娛樂
‡**recreational** ⁶	〔,rɛkrɪ'eʃənḷ 〕	adj. 娛樂的
recruit ⁶	〔 rɪ'krut 〕	v. 招募
***reduce** ³	〔 rɪ'djus 〕	v. 減少
reduction ⁴	〔 rɪ'dʌkʃən 〕	n. 減少
redundant ⁶	〔 rɪ'dʌndənt 〕	adj. 多餘的

20.

***refer** ⁴	〔 rɪ'fɝ 〕	v. 提到
reference ⁴	〔'rɛfərəns 〕	n. 參考
***referee** ⁵	〔,rɛfə'ri 〕	n. 裁判
***refine** ⁶	〔 rɪ'faɪn 〕	v. 精煉
‡**refinement** ⁶	〔 rɪ'faɪnmənt 〕	n. 精煉
reform ⁴	〔 rɪ'fɔrm 〕	v. 改革
***reflect** ⁴	〔 rɪ'flɛkt 〕	v. 反射
***reflection** ⁴	〔 rɪ'flɛkʃən 〕	n. 反射
***reflective** ⁶	〔 rɪ'flɛktɪv 〕	adj. 反射的

21.

•**refresh**⁴	〔rɪˋfrɛʃ〕	v. 使提神
refreshment⁶	〔rɪˋfrɛʃmənt〕	n. 提神之物
•**refrigerator**²	〔rɪˋfrɪdʒəˏretə〕	n. 冰箱
‡**refuge**⁵	〔ˋrɛfjudʒ〕	n. 避難所
refugee⁴	〔ˏrɛfjʊˋdʒi〕	n. 難民
refund⁶	〔rɪˋfʌnd〕	v. 退(錢)
refuse²	〔rɪˋfjuz〕	v. 拒絕
refusal⁴	〔rɪˋfjuzl̩〕	n. 拒絕
refute⁵	〔rɪˋfjut〕	v. 反駁

22.

region²	〔ˋridʒən〕	n. 地區
regional³	〔ˋridʒən̩l〕	adj. 區域性的
regime⁶	〔rɪˋʒim〕	n. 政權
register⁴	〔ˋrɛdʒɪstə〕	v. 登記
•**registration**⁴	〔ˏrɛdʒɪˋstreʃən〕	n. 登記
•**regret**³	〔rɪˋgrɛt〕	v. n. 後悔
•**regulate**⁴	〔ˋrɛgjəˏlet〕	v. 管制
‡**regulation**⁴	〔ˏrɛgjəˋleʃən〕	n. 規定
•**regular**²	〔ˋrɛgjələ〕	adj. 規律的

23.

rehearse [4]	(rɪ'hɝs)	*v.* 預演
‡rehearsal [4]	(rɪ'hɝsl̩)	*n.* 預演
rejoice [5]	(rɪ'dʒɔɪs)	*v.* 高興
reign [5]	(ren)	*n.* 統治期間
rein [6]	(ren)	*n.* 韁繩
reinforce [6]	(ˌriɪn'fors)	*v.* 增強
relate [3]	(rɪ'let)	*v.* 使有關連
relation [2]	(rɪ'leʃən)	*n.* 關係
‡relationship [2]	(rɪ'leʃənˌʃɪp)	*n.* 關係

24.

reject [2]	(rɪ'dʒɛkt)	*v.* 拒絕
rejection [4]	(rɪ'dʒɛkʃən)	*n.* 拒絕
relative [4]	('rɛlətɪv)	*n.* 親戚
‡relax [3]	(rɪ'læks)	*v.* 放鬆
relaxation [4]	(ˌrilæks'eʃən)	*n.* 放鬆
relay [6]	(rɪ'le)	*v.* 轉播
rely [3]	(rɪ'laɪ)	*v.* 信賴
reliable [3]	(rɪ'laɪəbl̩)	*adj.* 可靠的
reliance [6]	(rɪ'laɪəns)	*n.* 依賴

25.

relief³	(rɪ'lif)	n.	放心
·relieve⁴	(rɪ'liv)	v.	減輕
·release³	(rɪ'lis)	v.	釋放
religion³	(rɪ'lɪdʒən)	n.	宗教
religious³	(rɪ'lɪdʒəs)	adj.	宗教的
·relish⁶	('rɛlɪʃ)	v.	享受
‡remain³	(rɪ'men)	v.	仍然
·remark⁴	(rɪ'mark)	n.	評論
remarkable⁴	(rɪ'markəbḷ)	adj.	出色的

26.

·remind³	(rɪ'maɪnd)	v.	使想起
·reminder⁵	(rɪ'maɪndə)	n.	提醒的人或物
‡remedy⁴	('rɛmədɪ)	n.	治療法
·remove³	(rɪ'muv)	v.	除去
‡removal⁶	(rɪ'muvḷ)	n.	除去
remote³	(rɪ'mot)	adj.	遙遠的
‡rent³	(rɛnt)	v.	租
·rental⁶	('rɛntḷ)	adj.	出租的
·renaissance⁵	('rɛnə,sɑns)	n.	文藝復興

27.

‡**repay**⁵	(rɪˈpe)	v.	償還
‡**repeat**²	(rɪˈpit)	v.	重複
·**repetition**⁴	(ˌrɛpɪˈtɪʃən)	n.	重複
·**replace**³	(rɪˈples)	v.	取代
‡**replacement**³	(rɪˈplesmənt)	n.	取代
reply²	(rɪˈplaɪ)	v.	回答
·**report**¹	(rɪˈport)	v.	報導
reporter²	(rɪˈportɚ)	n.	記者
‡**repress**⁶	(rɪˈprɛs)	v.	鎮壓

28.

‡**represent**³	(ˌrɛprɪˈzɛnt)	v.	代表
‡**representation**⁴	(ˌrɛprɪzɛnˈteʃən)	n.	代表
·**representative**³	(ˌrɛprɪˈzɛntətɪv)	n.	代表人
republic³	(rɪˈpʌblɪk)	n.	共和國
·**republican**⁵	(rɪˈpʌblɪkən)	adj.	共和國的
reptile⁵	(ˈrɛptaɪl)	n.	爬蟲類動物
·**request**³	(rɪˈkwɛst)	v. n.	請求
require²	(rɪˈkwaɪr)	v.	需要
·**requirement**²	(rɪˈkwaɪrmənt)	n.	必備條件

29.

resemble [4]	(rɪˈzɛmbļ)	v. 像
*resemblance [6]	(rɪˈzɛmbləns)	n. 相似之處
*research [4]	(rɪˈsɝtʃ)	v.n. 研究
researcher [4]	(rɪˈsɝtʃɚ)	n. 研究人員
resent [5]	(rɪˈzɛnt)	v. 憎恨
resentment [5]	(rɪˈzɛntmənt)	n. 憎恨
reserve [3]	(rɪˈzɝv)	v. 預訂
reservation [4]	(ˌrɛzɚˈveʃən)	n. 預訂
reservoir [6]	(ˈrɛzɚˌvɔr)	n. 水庫

30.

*reside [5]	(rɪˈzaɪd)	v. 居住
*resident [5]	(ˈrɛzədənt)	n. 居民
*residence [5]	(ˈrɛzədəns)	n. 住宅
*residential [6]	(ˌrɛzəˈdɛnʃəl)	adj. 住宅的
*resign [4]	(rɪˈzaɪn)	v. 辭職
*resignation [4]	(ˌrɛzɪɡˈneʃən)	n. 辭職
*resist [3]	(rɪˈzɪst)	v. 抵抗
resistance [4]	(rɪˈzɪstəns)	n. 抵抗
resistant [6]	(rɪˈzɪstənt)	adj. 抵抗的

31.

resolve [4]	(rɪ'zɑlv)	v. 決定
resolute [6]	('rɛzə,lut)	adj. 堅決的
resolution [4]	(,rɛzə'luʃən)	n. 決心
respect [2]	(rɪ'spɛkt)	v. n. 尊敬
respectful [4]	(rɪ'spɛktfəl)	adj. 恭敬的
respective [6]	(rɪ'spɛktɪv)	adj. 個別的
respond [3]	(rɪ'spɑnd)	v. 回答
response [3]	(rɪ'spɑns)	n. 回答
responsibility [3]	(rɪ,spɑnsə'bɪlətɪ)	n. 責任

32.

ʰrest [1]	(rɛst)	v. n. 休息
restroom [2]	('rɛst,rum)	n. 廁所
restaurant [2]	('rɛstərənt)	n. 餐廳
ʰrestore [4]	(rɪ'stor)	v. 恢復
ʰrestoration [6]	(,rɛstə'reʃən)	n. 恢復
restrain [5]	(rɪ'stren)	v. 克制
ʰrestraint [6]	(rɪ'strent)	n. 抑制
ʰrestrict [3]	(rɪ'strɪkt)	v. 限制
restriction [4]	(rɪ'strɪkʃən)	n. 限制

33.

‡**result** ²	(rɪˈzʌlt)	n. 結果
‡**resume** ⁵	(rɪˈzum)	v. 再繼續
‡**résumé** ⁵	(ˈrɛzəˌme)	n. 履歷表
‡**retain** ⁴	(rɪˈten)	v. 保留
retaliate ⁶	(rɪˈtælɪˌet)	v. 報復
retail ⁶	(ˈritel)	v. n. 零售
retire ⁴	(rɪˈtaɪr)	v. 退休
retirement ⁴	(rɪˈtaɪrmənt)	n. 退休
‡**retort** ⁵	(rɪˈtɔrt)	v. 反駁

34.

•**retreat** ⁴	(rɪˈtrit)	v. 撤退
•**retrieve** ⁶	(rɪˈtriv)	v. 尋回
‡**reunion** ⁴	(riˈjunjən)	n. 團聚
•**reveal** ³	(rɪˈvil)	v. 顯示
revelation ⁶	(ˌrɛvəˈleʃən)	n. 揭露
revenge ⁴	(rɪˈvɛndʒ)	n. 報復
revenue ⁶	(ˈrɛvəˌnju)	n. 收入
•**reverse** ⁵	(rɪˈvɜs)	v. n. 顛倒
•**review** ²	(rɪˈvju)	v. 復習

35.

revise [4]	(rɪ'vaɪz)	v.	修訂
*revision [4]	(rɪ'vɪʒən)	n.	修訂
revive [5]	(rɪ'vaɪv)	v.	使甦醒
revival [6]	(rɪ'vaɪvḷ)	n.	復甦
*revolt [5]	(rɪ'volt)	v.	反抗
revolution [4]	(,rɛvə'luʃən)	n.	革命
*revolutionary [4]	(,rɛvə'luʃən,ɛrɪ)	adj.	革命性的
revolve [5]	(rɪ'vɑlv)	v.	公轉
*reward [4]	(rɪ'wɔrd)	n.	報酬

36.

*rhyme [4]	(raɪm)	n.	押韻詩
rhythm [4]	('rɪðəm)	n.	節奏
rhythmic [6]	('rɪðmɪk)	adj.	有節奏的
rhino [3]	('raɪno)	n.	犀牛
rhinoceros [5]	(raɪ'nɑsərəs)	n.	犀牛
rhetoric [6]	('rɛtərɪk)	n.	修辭學
*rib [5]	(rɪb)	n.	肋骨
*ribbon [3]	('rɪbən)	n.	絲帶
riddle [3]	('rɪdḷ)	n.	謎語

一口氣背 7000 字 ⑫

1.

ridge[5]	〔 rɪdʒ 〕	n.	山脊
ridicule[6]	〔'rɪdɪ,kjul 〕	v.	嘲笑
ridiculous[5]	〔 rɪ'dɪkjələs 〕	adj.	荒謬的
rip[5]	〔 rɪp 〕	v.	撕裂
ripe[3]	〔 raɪp 〕	adj.	成熟的
ripple[5]	〔'rɪpḷ 〕	n.	漣漪
rite[6]	〔 raɪt 〕	n.	儀式
ritual[6]	〔'rɪtʃuəl 〕	adj.	儀式的
rival[5]	〔'raɪvḷ 〕	n.	對手

2.

‡**rob**[3]	〔 rab 〕	v.	搶劫
robber[3]	〔'rabə 〕	n.	強盜
robbery[3]	〔'rabərɪ 〕	n.	搶案
robe[3]	〔 rob 〕	n.	長袍
‡**robot**[1]	〔'robat 〕	n.	機器人
robust[5]	〔 ro'bʌst 〕	adj.	強健的
‡**rock**[1,2]	〔 rak 〕	n.	岩石
rocky[2]	〔'rakɪ 〕	adj.	多岩石的
rocket[3]	〔'rakɪt 〕	n.	火箭

3.

‡**role** [2]	(rol)	n.	角色
‡**roll** [1]	(rol)	v.	滾動
***romantic** [3]	(ro'mæntɪk)	adj.	浪漫的
***romance** [4]	(ro'mæns)	n.	愛情故事
rotate [6]	('rotet)	v.	旋轉
rotation [6]	(ro'teʃən)	n.	旋轉
‡**row** [1]	(ro)	n.	排
***royal** [2]	('rɔɪəl)	adj.	皇家的
royalty [6]	('rɔɪəltɪ)	n.	皇室

4.

‡**root** [1]	(rut)	n.	根
‡**roof** [1]	(ruf)	n.	屋頂
***rooster** [1]	('rustɚ)	n.	公雞
***rot** [3]	(rat)	v.	腐爛
***rotten** [3]	('ratn̩)	adj.	腐爛的
***rough** [3]	(rʌf)	adj.	粗糙的
roughly [4]	('rʌflɪ)	adv.	大約
***route** [4]	(rut)	n.	路線
***routine** [3]	(ru'tin)	n.	例行公事

5.

‡**rub**[1]	(rʌb)	v.	摩擦
‡**rubber**[1]	('rʌbɚ)	n.	橡膠
rubbish[5]	('rʌbɪʃ)	n.	垃圾
ruby[6]	('rubɪ)	n.	紅寶石
‡**rude**[2]	(rud)	adj.	無禮的
‡**ruin**[4]	('ruɪn)	v.	毀滅
***rug**[3]	(rʌg)	n.	(小塊) 地毯
rugged[5]	('rʌgɪd)	adj.	崎嶇的
‡**rule**[1]	(rul)	n.	規則

6.

‡**ruler**[2]	('rulɚ)	n.	統治者
***rumor**[3]	('rumɚ)	n.	謠言
rumble[5]	('rʌmbl̩)	v.	(卡車) 發出隆隆聲
‡**run**[1]	(rʌn)	v.	跑
***runner**[2]	('rʌnɚ)	n.	跑者
***rural**[4]	('rurəl)	adj.	鄉村的
***rust**[3]	(rʌst)	v.	生銹
***rusty**[3]	('rʌstɪ)	adj.	生銹的
rustle[5]	('rʌsl̩)	v.	(樹葉) 發出沙沙聲

7.

*sack ³	〔 sæk 〕	n.	一大袋
sacred ⁵	〔'sekrɪd 〕	adj.	神聖的
*sacrifice ⁴	〔'sækrə,faɪs 〕	v. n.	犧牲
‡sad ¹	〔 sæd 〕	adj.	悲傷的
saddle ⁵	〔'sædl̩ 〕	n.	馬鞍
safeguard ⁶	〔'sef,gard 〕	v.	保護
‡safe ¹	〔 sef 〕	adj.	安全的
*safety ²	〔'seftɪ 〕	n.	安全
saint ⁵	〔 sent 〕	n.	聖人

8.

*sail ¹	〔 sel 〕	v.	航行
*sailor ²	〔'selɚ 〕	n.	水手
*sake ³	〔 sek 〕	n.	緣故
‡salad ²	〔'sæləd 〕	n.	沙拉
*salary ⁴	〔'sælərɪ 〕	n.	薪水
‡sale ¹	〔 sel 〕	n.	出售
‡salesman ⁴	〔'selzmən 〕	n.	售貨員
salmon ⁵	〔'sæmən 〕	n.	鮭魚
saloon ⁶	〔 sə'lun 〕	n.	酒吧

9.

‡salt[1]	(sɔlt)	*n.*	鹽
salty[2]	('sɔltɪ)	*adj.*	鹹的
salute[5]	(sə'lut)	*v.*	向…敬禮

‡sample[2]	('sæmpl̩)	*n.*	樣品
sanction[6]	('sæŋkʃən)	*n.*	制裁
sanctuary[6]	('sæŋktʃu,ɛrɪ)	*n.*	避難所

sand[1]	(sænd)	*n.*	沙子
sandal[5]	('sændl̩)	*n.*	涼鞋
‡sandwich[2]	('sændwɪtʃ)	*n.*	三明治

10.

‡satisfy[2]	('sætɪs,faɪ)	*v.*	滿足
*satisfactory[3]	(,sætɪs'fæktərɪ)	*adj.*	令人滿意的
*satisfaction[4]	(,sætɪs'fækʃən)	*n.*	滿足

*sauce[2]	(sɔs)	*n.*	醬汁
‡saucer[3]	('sɔsɚ)	*n.*	碟子
*sausage[3]	('sɔsɪdʒ)	*n.*	香腸

sane[6]	(sen)	*adj.*	頭腦清醒的
sanitation[6]	(,sænə'teʃən)	*n.*	衛生
*satellite[4]	('sætl̩,aɪt)	*n.*	衛星

11.

‡save [1]	〔 sev 〕	v.	節省
*saving [3]	〔 'sevɪŋ 〕	n.	節省
savage [5]	〔 'sævɪdʒ 〕	adj.	野蠻的
scan [5]	〔 skæn 〕	v.	掃描
scandal [5]	〔 'skændl̩ 〕	n.	醜聞
scar [5]	〔 skɑr 〕	n.	疤痕
*scarce [3]	〔 skɛrs 〕	adj.	稀少的
*scary [3]	〔 'skɛrɪ 〕	adj.	可怕的
*scarecrow [3]	〔 'skɛr,kro 〕	n.	稻草人

12.

‡scene [1]	〔 sin 〕	n.	場景
‡scenery [4]	〔 'sinərɪ 〕	n.	風景
scenic [6]	〔 'sinɪk 〕	adj.	風景優美的
*schedule [3]	〔 'skɛdʒʊl 〕	n.	時間表
scheme [5]	〔 skim 〕	n.	計劃
*scholar [3]	〔 'skɑlɚ 〕	n.	學者
‡science [2]	〔 'saɪəns 〕	n.	科學
‡scientist [2]	〔 'saɪəntɪst 〕	n.	科學家
*scientific [3]	〔 ,saɪən'tɪfɪk 〕	adj.	科學的

13.

scrap [5]	(skræp)	n.	碎片
*scratch [4]	(skrætʃ)	v.	抓（癢）
scramble [5]	('skræmbl̩)	v.	炒（蛋）
*screw [3]	(skru)	n.	螺絲
*screwdriver [4]	('skru͵draɪvɚ)	n.	螺絲起子
script [6]	(skrɪpt)	n.	原稿
*scrub [3]	(skrʌb)	v.	刷洗
sculptor [5]	('skʌlptɚ)	n.	雕刻家
*sculpture [4]	('skʌlptʃɚ)	n.	雕刻

14.

‡sea [1]	(si)	n.	海
*seagull [4]	('si͵gʌl)	n.	海鷗
*seal [3]	(sil)	v.	密封
‡secret [2]	('sikrɪt)	n.	祕密
‡secretary [2]	('sɛkrə͵tɛrɪ)	n.	秘書
‡section [2]	('sɛkʃən)	n.	部分
sector [6]	('sɛktɚ)	n.	部門
secure [5]	(sɪ'kjur)	adj.	安全的
*security [3]	(sɪ'kjurətɪ)	n.	安全

15.

‡**select** [2]	(sə'lɛkt)	v. 挑選
·**selection** [2]	(sə'lɛkʃən)	n. 選擇
selective [6]	(sə'lɛktɪv)	adj. 精挑細選的

| ‡**sense** [1] | (sɛns) | n. 感覺 |
| ·**sensible** [3] | ('sɛnsəbḷ) | adj. 明智的 |

| ·**sensitive** [3] | ('sɛnsətɪv) | adj. 敏感的 |
| **sensitivity** [5] | (,sɛnsə'tɪvətɪ) | n. 敏感 |

| **sentiment** [5] | ('sɛntəmənt) | n. 感情 |
| **sentimental** [6] | (,sɛntə'mɛntḷ) | adj. 多愁善感的 |

16.

·**separate** [2]	('sɛpə,ret)	v. 使分開
·**separation** [3]	(,sɛpə'reʃən)	n. 分開
‡‡**September** [1]	(sɛp'tɛmbɚ)	n. 九月

| **serene** [6] | (sə'rin) | adj. 寧靜的 |
| **serenity** [6] | (sə'rɛnətɪ) | n. 寧靜 |

| ‡**serve** [1] | (sɝv) | v. 服務 |
| **server** [5] | ('sɝvɚ) | n. 服務生 |

| ‡**servant** [2] | ('sɝvənt) | n. 僕人 |
| ‡**service** [1] | ('sɝvɪs) | n. 服務 |

17.

‡**set** [1]	〔 sɛt 〕	v. 設定
setback [6]	〔'sɛt,bæk 〕	n. 挫折
setting [5]	〔'sɛtɪŋ 〕	n. (事件的) 背景

***settle** [2]	〔'sɛtl 〕	v. 定居
***settlement** [2]	〔'sɛtlmənt 〕	n. 定居
settler [4]	〔'sɛtlɚ 〕	n. 殖民者

***sex** [3]	〔 sɛks 〕	n. 性
***sexy** [3]	〔'sɛksɪ 〕	adj. 性感的
***sexual** [3]	〔'sɛkʃuəl 〕	adj. 性的

18.

***shade** [3]	〔 ʃed 〕	n. 陰影
***shady** [3]	〔'ʃedɪ 〕	adj. 陰涼的
***shadow** [3]	〔'ʃædo 〕	n. 影子

‡**shake** [1]	〔 ʃek 〕	v. 搖動
shabby [5]	〔'ʃæbɪ 〕	adj. 破舊的
***shallow** [3]	〔'ʃælo 〕	adj. 淺的

***shame** [3]	〔 ʃem 〕	n. 羞恥
***shameful** [4]	〔'ʃemful 〕	adj. 可恥的
***shampoo** [3]	〔 ʃæm'pu 〕	n. 洗髮精

19.

shark ¹	〔 ʃɑrk 〕	n. 鯊魚
sharp ¹	〔 ʃɑrp 〕	adj. 銳利的
sharpen ⁵	〔'ʃɑrpən 〕	v. 使銳利
shave ³	〔 ʃev 〕	v. 刮（鬍子）
shaver ⁴	〔'ʃevɚ 〕	n. 電動刮鬍刀
shatter ⁵	〔'ʃætɚ 〕	v. 使粉碎
shell ²	〔 ʃɛl 〕	n. 貝殼
shelf ²	〔 ʃɛlf 〕	n. 架子
shelter ⁴	〔'ʃɛltɚ 〕	n. 避難所

20.

short ¹	〔 ʃɔrt 〕	adj. 短的
shortage ⁵	〔'ʃɔrtɪdʒ 〕	n. 缺乏
shortcoming⁵	〔'ʃɔrt,kʌmɪŋ 〕	n. 缺點
shortly ³	〔'ʃɔrtlɪ 〕	adv. 不久
shorts ²	〔 ʃɔrts 〕	n. pl. 短褲
shortsighted ⁴	〔'ʃɔrt'saɪtɪd 〕	adj. 近視的
shove ⁵	〔 ʃʌv 〕	v. 用力推
shovel ³	〔'ʃʌvl̩ 〕	n. 鏟子
shout ¹	〔 ʃaʊt 〕	v. 吼叫

21.

‡**shut** ¹	〔 ʃʌt 〕	v.	關
shutters ⁵	〔'ʃʌtəz 〕	n. pl.	百葉窗
•**shuttle** ⁴	〔'ʃʌtḷ 〕	n.	來回行駛

‡**sight** ¹	〔 saɪt 〕	n.	景象
•**sightseeing** ⁴	〔'saɪt,siɪŋ 〕	n.	觀光
‡**sign** ²	〔 saɪn 〕	n.	告示牌

•**signal** ³	〔'sɪgnḷ 〕	n.	信號
signify ⁶	〔'sɪgnə,faɪ 〕	v.	表示
•**signature** ⁴	〔'sɪgnətʃə 〕	n.	簽名

22.

•**silk** ²	〔 sɪlk 〕	n.	絲
silkworm ⁵	〔'sɪlk,wɝm 〕	n.	蠶
‡**silly** ¹	〔'sɪlɪ 〕	adj.	愚蠢的

‡**similar** ²	〔'sɪmələ 〕	adj.	相似的
•**similarity** ³	〔,sɪmə'lærətɪ 〕	n.	相似之處
simmer ⁵	〔'sɪmə 〕	v.	用文火慢慢煮

‡**simple** ¹	〔'sɪmpḷ 〕	adj.	簡單的
simplify ⁶	〔'sɪmplə,faɪ 〕	v.	簡化
simplicity ⁶	〔 sɪm'plɪsətɪ 〕	n.	簡單

23.

*sin ³	(sɪn)	n. 罪
since ¹	(sɪns)	conj. 因為
‡sincere ³	(sɪn'sɪr)	adj. 真誠的
*sincerity ⁴	(sɪn'sɛrətɪ)	n. 真誠
‡sing ¹	(sɪŋ)	v. 唱歌
‡singer ¹	('sɪŋɚ)	n. 歌手
*single ²	('sɪŋgl̩)	adj. 單一的
•singular ⁴	('sɪŋgjələ)	adj. 單數的
‡sink ²	(sɪŋk)	v. 下沉

24.

*ski ³	(ski)	v. 滑雪
*skill ¹	(skɪl)	n. 技巧
*skillful ²	('skɪlfəl)	adj. 熟練的
*skin ¹	(skɪn)	n. 皮膚
*skinny ²	('skɪnɪ)	adj. 皮包骨的
skim ⁶	(skɪm)	v. 略讀
•sketch ⁴	(skɛtʃ)	n. 素描
skeleton ⁵	('skɛlətn̩)	n. 骨骼
skeptical ⁶	('skɛptɪkl̩)	adj. 懷疑的

25.

*slave ³	(slev)	n. 奴隸
slavery ⁶	('slevərɪ)	n. 奴隸制度
slay ⁵	(sle)	v. 殺害

*slip ²	(slɪp)	v. 滑倒
*slipper ²	('slɪpɚ)	n. 拖鞋
*slippery ³	('slɪpərɪ)	adj. 滑的

*slope ³	(slop)	n. 斜坡
sloppy ⁵	('slapɪ)	adj. 邋遢的
*slogan ⁴	('slogən)	n. 口號

26.

sneak ⁵	(snik)	v. 偷偷地走
sneaky ⁶	('snikɪ)	adj. 鬼鬼祟祟的
*sneakers ⁵	('snikɚz)	n. pl. 運動鞋

sneer ⁶	(snɪr)	v. 嘲笑
*sneeze ⁴	(sniz)	v. 打噴嚏
sniff ⁵	(snɪf)	v. 嗅

soak ⁵	(sok)	v. 浸泡
*soap ¹	(sop)	n. 肥皂
soar ⁶	(sor)	v. 翱翔

27.

‡social²	(ˈsoʃəl)	adj. 社會的
socialist⁶	(ˈsoʃəlɪst)	n. 社會主義者
socialism⁶	(ˈsoʃəl͵ɪzəm)	n. 社會主義
socialize⁶	(ˈsoʃə͵laɪz)	v. 交際
‡society²	(səˈsaɪətɪ)	n. 社會
sociable⁶	(ˈsoʃəbl̩)	adj. 善交際的
sociology⁶	(͵soʃɪˈalədʒɪ)	n. 社會學
‡‡socks²	(saks)	n. pl. 短襪
˙socket⁴	(ˈsakɪt)	n. 插座

28.

‡soda¹	(ˈsodə)	n. 蘇打水
sodium⁶	(ˈsodɪəm)	n. 鈉
‡sofa¹	(ˈsofə)	n. 沙發
˙soft¹	(sɔft)	adj. 柔軟的
soften⁵	(ˈsɔfən)	v. 軟化
˙software⁴	(ˈsɔft͵wɛr)	n. 軟體
sole⁵	(sol)	adj. 唯一的
˙solar⁴	(ˈsolɚ)	adj. 太陽的
‡soldier²	(ˈsoldʒɚ)	n. 軍人

29.

*solid [3]	('salɪd)	adj.	堅固的
solidarity [6]	(,salə'dærətɪ)	n.	團結
solemn [5]	('saləm)	adj.	嚴肅的
solitary [5]	('salə,tɛrɪ)	adj.	孤獨的
solitude [6]	('salə,tjud)	n.	孤獨
solo [5]	('solo)	n.	獨奏
*solve [2]	(salv)	v.	解決
*solution [2]	(sə'luʃən)	n.	解決之道
soothe [6]	(suð)	v.	安撫

30.

*sorry [1]	('sarɪ)	adj.	抱歉的
*sorrow [3]	('saro)	n.	悲傷
*sorrowful [4]	('sarofəl)	adj.	悲傷的
*sour [1]	(saur)	adj.	酸的
*south [1]	(sauθ)	n.	南方
*southern [2]	('sʌðən)	adj.	南方的
*sophomore [4]	('safm,or)	n.	大二學生
sophisticated [6]	(sə'fɪstɪ,ketɪd)	adj.	複雜的
*sore [3]	(sor)	adj.	疼痛的

31.

‡**space** [1]	﹝spes﹞	n. 空間
spacious [6]	﹝'speʃəs﹞	adj. 寬敞的
spacecraft [5]	﹝'spes,kræft﹞	n. 太空船
***spark** [4]	﹝spɑrk﹞	n. 火花
***sparkle** [4]	﹝'spɑrkl̩﹞	n. v. 閃耀
***sparrow** [4]	﹝'spæro﹞	n. 麻雀
span [6]	﹝spæn﹞	n. 期間
***spade** [3]	﹝sped﹞	n. 鏟子
‡**spaghetti** [2]	﹝spə'gɛtɪ﹞	n. 義大利麵

32.

‡**special** [1]	﹝'spɛʃəl﹞	adj. 特別的
specialist [5]	﹝'spɛʃəlɪst﹞	n. 專家
specialize [6]	﹝'spɛʃəl,aɪz﹞	v. 專攻
specialty [6]	﹝'spɛʃəltɪ﹞	n. 專長
specify [6]	﹝'spɛsə,faɪ﹞	v. 明確指出
***specific** [3]	﹝spɪ'sɪfɪk﹞	adj. 特定的
***species** [4]	﹝'spiʃɪz﹞	n. 物種
specimen [5]	﹝'spɛsəmən﹞	n. 標本
***spear** [4]	﹝spɪr﹞	n. 矛

33.

spectacle [5]	('spɛktəkḷ)	n.	奇觀
spectator [5]	('spɛktetɚ)	n.	觀衆
spectacular [6]	(spɛk'tækjəlɚ)	adj.	壯觀的
spectrum [6]	('spɛktrəm)	n.	光譜
speculate [6]	('spɛkjə,let)	v.	推測
*‡***speech** [1]	(spitʃ)	n.	演講
*‡***speed** [2]	(spid)	n.	速度
*‡***spell** [1]	(spɛl)	v.	拼 (字)
***spelling** [2]	('spɛlɪŋ)	n.	拼字

34.

***spice** [3]	(spaɪs)	n.	香料
***spicy** [4]	('spaɪsɪ)	adj.	辣的
*‡***spider** [2]	('spaɪdɚ)	n.	蜘蛛
***spin** [3]	(spɪn)	v.	旋轉
***spinach** [2]	('spɪnɪdʒ)	n.	菠菜
spine [5]	(spaɪn)	n.	脊椎骨
*‡***spirit** [2]	('spɪrɪt)	n.	精神
***spiritual** [4]	('spɪrɪtʃʊəl)	adj.	精神上的
spire [6]	(spaɪr)	n.	尖塔

35.

splendor ⁵	('splɛndə)	n.	光輝
*splendid ⁴	('splɛndɪd)	adj.	壯麗的
*splash ³	(splæʃ)	v.	濺起
*split ⁴	(splɪt)	v.	使分裂
*spoil ³	(spɔɪl)	v.	破壞
spokesperson ⁶	('spoks,pɜsn̩)	n.	發言人
sponge ⁵	(spʌndʒ)	n.	海綿
sponsor ⁶	('spɑnsə)	n.	贊助者
spontaneous ⁶	(spɑn'tenɪəs)	adj.	自動自發的

36.

‡spoon ¹	(spun)	n.	湯匙
*sport ¹	(sport)	n.	運動
*sportsman ⁴	('sportsmən)	n.	運動家
*spot ²	(spɑt)	n.	地點
spotlight ⁵	('spɑt,laɪt)	n.	聚光燈
spouse ⁶	(spauz)	n.	配偶
*spray ³	(spre)	v.	噴灑
*sprain ³	(spren)	v.	扭傷
sprawl ⁶	(sprɔl)	v.	手腳張開地躺著

一口氣背 7000 字 ⑬

1.

*sprinkle³	('sprɪŋkḷ)	v.	灑
sprinkler³	('sprɪŋklə)	n.	灑水裝置
sprint⁵	(sprɪnt)	v.	衝刺
squad⁶	(skwɑd)	n.	小隊
squash⁵,⁶	(skwɑʃ)	v.	壓扁
squat⁵	(skwɑt)	v.	蹲（下）
‡square²	(skwɛr)	n.	正方形
*squeeze³	(skwiz)	v.	擠壓
*squirrel²	('skwɝəl)	n.	松鼠

2.

*stable³	('stebḷ)	adj.	穩定的
stabilize⁶	('stebḷ,aɪz)	v.	使穩定
stability⁶	(stə'bɪlətɪ)	n.	穩定
*stab³	(stæb)	v.	刺
stack⁵	(stæk)	n.	堆
*staff³	(stæf)	n.	職員
‡‡stand¹	(stænd)	v.	站立
*standard²	('stændəd)	n.	標準
stanza⁵	('stænzə)	n.	詩的一節

3.

‡star¹	(star)	n.	星星
starch⁶	(startʃ)	n.	澱粉
·stare³	(stɛr)	v.	凝視
‡start¹	(start)	v.	開始
startle⁵	(ˈstartḷ)	v.	使嚇一跳
·starve³	(starv)	v.	飢餓
starvation⁶	(starˈveʃən)	n.	飢餓
·statement¹	(ˈstetmənt)	n.	敘述
statesman⁵	(ˈstetsmən)	n.	政治家

4.

‡state¹	(stet)	n.	州
‡station¹	(ˈsteʃən)	n.	車站
stationary⁶	(ˈsteʃənˌɛrɪ)	adj.	不動的
‡stationery⁶	(ˈsteʃənˌɛrɪ)	n.	文具
statistics⁵	(stəˈtɪstɪks)	n.pl.	統計數字
statistical⁵	(stəˈtɪstɪkḷ)	adj.	統計的
·statue³	(ˈstætʃʊ)	n.	雕像
stature⁶	(ˈstætʃɚ)	n.	身高
·status⁴	(ˈstetəs)	n.	地位

5.

‡**steal** ²	(stil)	v. 偷
‡**steam** ²	(stim)	n. 蒸氣
steamer ⁵,⁶	('stimə)	n. 汽船
‧**steel** ²	(stil)	n. 鋼
steer ⁵	(stɪr)	v. 駕駛
‧**steep** ³	(stip)	adj. 陡峭的
‧**stem** ⁴	(stɛm)	n. (樹)幹
‡**step** ¹	(stɛp)	n. 一步
‧**stepfather** ³	('stɛp‚fɑðə)	n. 繼父

6.

‧**stereo** ³	('stɛrɪo)	n. 立體音響
stereotype ⁵	('stɛrɪə‚taɪp)	n. 刻板印象
stern ⁵	(stɝn)	adj. 嚴格的
stew ⁵	(stju)	v. 燉
steward ⁵	('stjuwəd)	n. 服務員
‧**stick** ²	(stɪk)	n. 棍子
‧**sticky** ³	('stɪkɪ)	adj. 黏的
stimulate ⁶	('stɪmjə‚let)	v. 刺激
stimulation ⁶	(‚stɪmjə'leʃən)	n. 刺激

7.

*sting³	〔 stɪŋ 〕	v. 叮咬
*stingy⁴	〔 'stɪndʒɪ 〕	adj. 小氣的
stink⁵	〔 stɪŋk 〕	v. 發臭
stock⁵,⁶	〔 stɑk 〕	n. 股票
*stocking³	〔 'stɑkɪŋ 〕	n. 長襪
*stomach²	〔 'stʌmək 〕	n. 胃
*stone¹	〔 ston 〕	n. 石頭
*stool³	〔 stul 〕	n. 凳子
stoop⁵	〔 stup 〕	v. 彎腰

8.

*store¹	〔 stor 〕	n. 商店
*storm²	〔 stɔrm 〕	n. 暴風雨
*stormy³	〔 'stɔrmɪ 〕	adj. 暴風雨的
*straight²	〔 stret 〕	adj. 直的
straighten⁵	〔 'stretn̩ 〕	v. 使變直
straightforward⁵	〔 ,stret'fɔrwəd 〕	adj. 直率的
*strange¹	〔 strendʒ 〕	adj. 奇怪的
strangle⁶	〔 'stræŋgl̩ 〕	v. 勒死
strand⁵	〔 strænd 〕	v. 使擱淺

9.

‡**straw** ²	(strɔ)	*n.* 稻草
‡**strawberry** ²	('strɔ,bɛrɪ)	*n.* 草莓
stray ⁵	(stre)	*adj.* 走失的
*****strategy** ³	('strætədʒɪ)	*n.* 策略
strategic ⁶	(strə'tidʒɪk)	*adj.* 策略上的
strap ⁵	(stræp)	*n.* 帶子
*****strength** ³	(strɛŋθ)	*n.* 力量
*****strengthen** ⁴	('strɛŋθən)	*v.* 加強
*****stress** ²	(strɛs)	*n.* 壓力

10.

*****strive** ⁴	(straɪv)	*v.* 努力
stride ⁵	(straɪd)	*v.* 大步走
‡**strike** ²	(straɪk)	*n.* 罷工
stripe ⁵	(straɪp)	*n.* 條紋
*****strip** ³	(strɪp)	*v.* 脫掉
*****string** ²	(strɪŋ)	*n.* 細繩
‡**strong** ¹	(strɔŋ)	*adj.* 強壯的
*****stroke** ⁴	(strok)	*n.* 中風
stroll ⁵	(strol)	*n. v.* 散步

11.

*structure [3]	('strʌktʃə)	n.	結構
structural [5]	('strʌktʃərəl)	adj.	結構上的
*struggle [2]	('strʌgl̩)	v.	掙扎
study [1]	('stʌdɪ)	v.	讀書
*stubborn [3]	('stʌbən)	adj.	頑固的
*stuff [3]	(stʌf)	n.	東西
stump [5]	(stʌmp)	n.	樹樁
stumble [5]	('stʌmbl̩)	v.	絆倒
stun [5]	(stʌn)	v.	使大吃一驚

12.

*subject [2]	('sʌbdʒɪkt)	n.	主題
subjective [6]	(səb'dʒɛktɪv)	adj.	主觀的
*submarine [3]	('sʌbmə,rin)	n.	潛水艇
subscribe [6]	(səb'skraɪb)	v.	訂閱
subscription [6]	(səb'skrɪpʃən)	n.	訂閱
*substance [3]	('sʌbstəns)	n.	物質
substantial [5]	(səb'stænʃəl)	adj.	實質的
substitute [5]	('sʌbstə,tjut)	v.	用⋯代替
substitution [6]	(,sʌbstə'tjuʃən)	n.	代理

13.

*succeed [2]	(sək'sid)	v. 成功
*success [2]	(sək'sɛs)	n. 成功
‡successful [2]	(sək'sɛsfəl)	adj. 成功的
succession [6]	(sək'sɛʃən)	n. 連續
successive [6]	(sək'sɛsɪv)	adj. 連續的
successor [6]	(sək'sɛsɚ)	n. 繼承者
*suffer [3]	('sʌfɚ)	v. 受苦
*sufficient [3]	(sə'fɪʃənt)	adj. 足夠的
suffocate [6]	('sʌfə,ket)	v. 窒息

14.

‡suggest [3]	(səg'dʒɛst)	v. 建議
*suggestion [4]	(səg'dʒɛstʃən)	n. 建議
*suicide [3]	('suə,saɪd)	n. 自殺
‡suit [2]	(sut)	v. 適合
*suitable [3]	('sutəbḷ)	adj. 適合的
suitcase [5]	('sut,kes)	n. 手提箱
sum [3]	(sʌm)	n. 金額
*summarize [4]	('sʌmə,raɪz)	v. 總結
*summary [3]	('sʌmərɪ)	n. 摘要

15.

‡**summer** [1]	('sʌmɚ)	*n.* 夏天
•**summit** [3]	('sʌmɪt)	*n.* 山頂
summon [5]	('sʌmən)	*v.* 召喚

‡**sun** [1]	(sʌn)	*n.* 太陽
‡**Sunday** [1]	('sʌndɪ)	*n.* 星期天
‡**sunny** [2]	('sʌnɪ)	*adj.* 晴朗的

***super** [1]	('supɚ)	*adj.* 極好的
superb [6]	(su'pɝb)	*adj.* 極好的
superficial [5]	(,supɚ'fɪʃəl)	*adj.* 表面的

16.

•**superior** [3]	(sə'pɪrɪɚ)	*adj.* 較優秀的
superiority [6]	(sə,pɪrɪ'ɔrətɪ)	*n.* 優秀
‡**supermarket** [2]	('supɚ,markɪt)	*n.* 超級市場

superstition [5]	(,supɚ'stɪʃən)	*n.* 迷信
superstitious [6]	(,supɚ'stɪʃəs)	*adj.* 迷信的
supersonic [6]	(,supɚ'sɑnɪk)	*adj.* 超音速的

supervise [5]	('supɚ,vaɪz)	*v.* 監督
supervisor [5]	('supɚ,vaɪzɚ)	*n.* 監督者
supervision [6]	(,supɚ'vɪʒən)	*n.* 監督

17.

*supply [2]	(sə'plaɪ)	v. n. 供給
supplement [6]	('sʌpləmənt)	v. 補充
*supper [1]	('sʌpɚ)	n. 晚餐
*support [2]	(sə'port)	v. 支持
*suppose [3]	(sə'poz)	v. 假定
suppress [5]	(sə'prɛs)	v. 壓抑
*surf [4]	(sɝf)	v. 衝浪
*surface [2]	('sɝfɪs)	n. 表面
surplus [6]	('sɝplʌs)	n. 剩餘

18.

surge [5]	(sɝdʒ)	v. 蜂擁而至
*surgeon [4]	('sɝdʒən)	n. 外科醫生
*surgery [4]	('sɝdʒərɪ)	n. 手術
*surround [3]	(sə'raʊnd)	v. 環繞
*surroundings [4]	(sə'raʊndɪŋz)	n. pl. 周遭環境
*surrender [4]	(sə'rɛndɚ)	v. 投降
‡survive [2]	(sɚ'vaɪv)	v. 生還
*survivor [3]	(sɚ'vaɪvɚ)	n. 生還者
*survival [3]	(sɚ'vaɪvl̩)	n. 生還

19.

suspend [5]	(sə'spɛnd)	v.	懸掛
suspense [6]	(sə'spɛns)	n.	懸疑
suspension [6]	(sə'spɛnʃən)	n.	暫停
suspect [3]	(sə'spɛkt)	v.	懷疑
***suspicion** [3]	(sə'spɪʃən)	n.	懷疑
***suspicious** [4]	(sə'spɪʃəs)	adj.	可疑的
***sweat** [3]	(swɛt)	v.	流汗
‡**sweater** [2]	('swɛtɚ)	n.	毛衣
***swear** [3]	(swɛr)	v.	發誓

20.

‡**symbol** [2]	('sɪmbḷ)	n.	象徵
symbolic [6]	(sɪm'balɪk)	adj.	象徵性的
symbolize [6]	('sɪmbḷ͵aɪz)	v.	象徵
***sympathy** [4]	('sɪmpəθɪ)	n.	同情
***sympathize** [5]	('sɪmpə͵θaɪz)	v.	同情
***sympathetic** [4]	(͵sɪmpə'θɛtɪk)	adj.	同情的
symphony [4]	('sɪmfənɪ)	n.	交響曲
symptom [6]	('sɪmptəm)	n.	症狀
symmetry [6]	('sɪmɪtrɪ)	n.	對稱

21.

‡**table** [1]	('tebḷ)	*n.*	桌子
‡**tablet** [3]	('tæblɪt)	*n.*	藥片
tack [3]	(tæk)	*n.*	圖釘
tackle [5]	('tækḷ)	*v.*	處理
tact [6]	(tækt)	*n.*	圓滑
tactics [6]	('tæktɪks)	*n. pl.*	策略
‡**tail** [1]	(tel)	*n.*	尾巴
•**tailor** [3]	('telɚ)	*n.*	裁縫師
•**tale** [1]	(tel)	*n.*	故事

22.

tan [5]	(tæn)	*v.*	曬黑
‡**tangerine** [2]	(,tændʒə'rin)	*n.*	橘子
tangle [5]	('tæŋgḷ)	*v.*	糾纏
tar [5]	(tɑr)	*n.*	柏油
•**target** [2]	('tɑrgɪt)	*n.*	目標
tariff [6]	('tærɪf)	*n.*	關稅
tart [5]	(tɑrt)	*n.*	水果餡餅
‡**taste** [1]	(test)	*v.*	嚐起來
•**tasty** [2]	('testɪ)	*adj.*	美味的

23.

•**technique** ³	〔 tɛk'nik 〕	n.	技術
•**technician** ⁴	〔 tɛk'nıʃən 〕	n.	技術人員
•**technical** ³	〔'tɛknıkl̩ 〕	adj.	技術上的
•**technology** ³	〔 tɛk'nɑlədʒı 〕	n.	科技
•**technological** ⁴	〔,tɛknə'lɑdʒıkl̩ 〕	adj.	科技的
•**telegram** ⁴	〔'tɛlə,græm 〕	n.	電報
•**telegraph** ⁴	〔'tɛlə,græf 〕	n.	電報
‡**telephone** ²	〔'tɛlə,fon 〕	n.	電話
•**telescope** ⁴	〔'tɛlə,skop 〕	n.	望遠鏡

24.

•**temper** ³	〔'tɛmpɚ 〕	n.	脾氣
temperament ⁶	〔'tɛmpərəmənt 〕	n.	性情
‡**temperature** ²	〔'tɛmprətʃɚ 〕	n.	溫度
tempest ⁶	〔'tɛmpıst 〕	n.	暴風雨
‡**temple** ²	〔'tɛmpl̩ 〕	n.	寺廟
tempo ⁵	〔'tɛmpo 〕	n.	節奏
•**temporary** ³	〔'tɛmpə,rɛrı 〕	adj.	暫時的
tempt ⁵	〔 tɛmpt 〕	v.	引誘
temptation ⁵	〔 tɛmp'teʃən 〕	n.	誘惑

25.

*tend ³	(tɛnd)	v. 易於
*tendency ⁴	('tɛndənsɪ)	n. 傾向
*tender ³	('tɛndɚ)	adj. 溫柔的
tenant ⁵	('tɛnənt)	n. 房客
*tense ⁴	(tɛns)	adj. 緊張的
*tension ⁴	('tɛnʃən)	n. 緊張
*tent ²	(tɛnt)	n. 帳篷
tentative ⁵	('tɛntətɪv)	adj. 暫時性的
*tennis ²	('tɛnɪs)	n. 網球

26.

*term ²	(tɝm)	n. 用語
terminal ⁵	('tɝmənḷ)	adj. 最終的
terminate ⁶	('tɝmə‚net)	v. 終結
*terrify ⁴	('tɛrə‚faɪ)	v. 使害怕
*terrible ²	('tɛrəbḷ)	adj. 可怕的
*terrific ²	(tə'rɪfɪk)	adj. 很棒的
*terror ⁴	('tɛrɚ)	n. 恐怖
*territory ³	('tɛrə‚torɪ)	n. 領土
terrace ⁵	('tɛrɪs)	n. 陽台

27.

•text³	(tɛkst)	n. 內文
‡textbook²	('tɛkst,bʊk)	n. 教科書
textile⁶	('tɛkstaɪl)	n. 紡織品
texture⁶	('tɛkstʃə)	n. 質地
‡theater²	('θiətə)	n. 戲院
theatrical⁶	(θɪ'ætrɪkl̩)	adj. 戲劇的
•theory³	('θiərɪ)	n. 理論
theoretical⁶	(,θiə'rɛtɪkl̩)	adj. 理論上的
•theme⁴	(θim)	n. 主題

28.

•therapy³	('θɛrəpɪ)	n. 治療法
therapist⁶	('θɛrəpɪst)	n. 治療學家
thermometer⁶	(θə'mɑmətə)	n. 溫度計
‡therefore²	('ðɛr,for)	adv. 因此
thereafter⁶	(ðɛr'æftə)	adv. 從那之後
thereby⁶	(ðɛr'baɪ)	adv. 藉以
‡third¹	(θɜd)	adj. 第三的
•thirst³	(θɜst)	n. 口渴
‡thirsty²	('θɜstɪ)	adj. 口渴的

29.

‡thought [1]	(θɔt)	n. 思想
·thoughtful [4]	(ˈθɔtfəl)	adj. 體貼的
‡thousand [1]	(ˈθaʊzṇd)	n. 千
·threat [3]	(θrɛt)	n. 威脅
·threaten [3]	(ˈθrɛtṇ)	v. 威脅
·thread [3]	(θrɛd)	n. 線
threshold [6]	(ˈθrɛʃhold)	n. 門檻
thrift [6]	(θrɪft)	n. 節儉
thrifty [6]	(ˈθrɪftɪ)	adj. 節儉的

30.

thrill [5]	(θrɪl)	v. 使興奮
thriller [5]	(ˈθrɪlə)	n. 驚悚片
thrive [6]	(θraɪv)	v. 繁榮
‡throat [2]	(θrot)	n. 喉嚨
throne [5]	(θron)	n. 王位
‡throw [1]	(θro)	v. 丟
throng [5]	(θrɔŋ)	n. 群眾
‡through [2]	(θru)	prep. 透過
·throughout [2]	(θruˈaʊt)	prep. 遍及

31.

tick ⁵	(tɪk)	n. (鐘錶)滴答聲
‡ticket ¹	('tɪkɪt)	n. 票
•tickle ³	('tɪkḷ)	v. 搔癢
•tide ³	(taɪd)	n. 潮水
‡tidy ³	('taɪdɪ)	adj. 整齊的
‡tiger ¹	('taɪgɚ)	n. 老虎
•tight ³	(taɪt)	adj. 緊的
•tighten ³	('taɪtn̩)	v. 使變緊
tile ⁵	(taɪl)	n. 磁磚

32.

tip ²	(tɪp)	n. 小費
tiptoe ⁵	('tɪp,to)	n. 趾尖
•tire ¹	(taɪr)	v. 使疲倦
•tiresome ⁴	('taɪrsəm)	adj. 令人厭煩的
toad ⁵	(tod)	n. 蟾蜍
‡toast ²	(tost)	n. 吐司
toil ⁵	(tɔɪl)	v. 辛勞
‡toilet ²	('tɔɪlɪt)	n. 馬桶
•tobacco ³	(tə'bæko)	n. 煙草

33.

*tolerate ⁴	('talə,ret)	v. 容忍
*tolerance ⁴	('talərəns)	n. 容忍
*tolerable ⁴	('talərəbļ)	adj. 可容忍的
*tolerant ⁴	('talərənt)	adj. 寬容的
toll ⁶	(tol)	n. 死傷人數
**tomato ²	(tə'meto)	n. 蕃茄
*tomb ⁴	(tum)	n. 墳墓
*tool ¹	(tul)	n. 工具
**tooth ²	(tuθ)	n. 牙齒

34.

*top ¹	(tap)	n. 頂端
*topic ²	('tapɪk)	n. 主題
topple ⁶	('tapļ)	v. 推翻
torch ⁵	(tɔrtʃ)	n. 火把
torment ⁵	('tɔrmɛnt)	n. 折磨
tornado ⁶	(tɔr'nedo)	n. 龍捲風
torrent ⁵	('tɔrənt)	n. 急流
torture ⁵	('tɔrtʃɚ)	n. 折磨
*tortoise ³	('tɔrtəs)	n. 烏龜

35.

•tour [2]	〔 tʊr 〕	n.	旅行
•tourism [3]	〔'tʊrɪzm 〕	n.	觀光業
•tourist [3]	〔'tʊrɪst 〕	n.	觀光客
tournament [5]	〔'tɜnəmənt 〕	n.	錦標賽
tow [3]	〔 to 〕	v.	拖
‡towel [2]	〔'taʊəl 〕	n.	毛巾
‡tower [2]	〔'taʊɚ 〕	n.	塔
‡town [1]	〔 taʊn 〕	n.	城鎮
toxic [5]	〔'tɑksɪk 〕	adj.	有毒的

36.

‡trade [2]	〔 tred 〕	n.	貿易
trader [3]	〔'tredɚ 〕	n.	商人
trademark [5]	〔'tred,mɑrk 〕	n.	商標
‡tradition [2]	〔 trə'dɪʃən 〕	n.	傳統
‡traditional [2]	〔 trə'dɪʃənḷ 〕	adj.	傳統的
‡traffic [2]	〔'træfɪk 〕	n.	交通
•tragedy [4]	〔'trædʒədɪ 〕	n.	悲劇
•tragic [4]	〔'trædʒɪk 〕	adj.	悲劇的
•track [2]	〔 træk 〕	n.	痕跡

一口氣背 7000 字 ⑭

1.

train [1]	〔 tren 〕	v.	訓練
trait [6]	〔 tret 〕	n.	特點
traitor [5]	〔'tretɚ 〕	n.	叛徒
tramp [5]	〔 træmp 〕	v.	重步行走
trample [5]	〔'træmpl̩ 〕	v.	踐踏
tranquil [6]	〔'træŋkwəl 〕	adj.	寧靜的
tranquilizer [6]	〔'træŋkwəlaɪzɚ 〕	n.	鎮靜劑
transaction [6]	〔 træns'ækʃən 〕	n.	交易
transcript [6]	〔'træn,skrɪpt 〕	n.	成績單

2.

transfer [4]	〔 træns'fɝ 〕	v.	轉移
transform [4]	〔 træns'fɔrm 〕	v.	轉變
transformation [6]	〔,trænsfɚ'meʃən 〕	n.	轉變
transit [6]	〔'trænsɪt 〕	n.	運送
transition [6]	〔 træn'zɪʃən 〕	n.	過渡期
transistor [6]	〔 træn'zɪstɚ 〕	n.	電晶體
translate [4]	〔'trænslet 〕	v.	翻譯
translation [4]	〔 træns'leʃən 〕	n.	翻譯
translator [4]	〔 træns'letɚ 〕	n.	翻譯家

3.

transmit [6]	〔træns'mɪt〕	v.	傳送
transmission [6]	〔træns'mɪʃən〕	n.	傳送
transparent [5]	〔træns'pɛrənt〕	adj.	透明的
*transport [3]	〔træns'port〕	v.	運輸
*transportation [4]	〔,trænspɚ'teʃən〕	n.	運輸
transplant [6]	〔træns'plænt〕	v.	移植
‡travel [2]	〔'trævḷ〕	v.	旅行
*traveler [3]	〔'trævlɚ〕	n.	旅行者
‡trash [3]	〔træʃ〕	n.	垃圾

4.

tread [6]	〔trɛd〕	v.	踩
treason [6]	〔'trizn̩〕	n.	叛國罪
‡treasure [2]	〔'trɛʒɚ〕	n.	寶藏
treasury [5]	〔'trɛʒərɪ〕	n.	寶庫
‡treat [5,2]	〔trit〕	v.	對待
*treatment [5]	〔'tritmənt〕	n.	治療
treaty [5]	〔'tritɪ〕	n.	條約
*tremble [3]	〔'trɛmbḷ〕	v.	發抖
*tremendous [4]	〔trɪ'mɛndəs〕	adj.	巨大的

5.

‡**trip** [1]	(trɪp)	*n.*	旅行
triple [5]	('trɪpḷ)	*adj.*	三倍的
trivial [6]	('trɪvɪəl)	*adj.*	瑣碎的
trifle [5]	('traɪfḷ)	*n.*	瑣事
‡**trick** [2]	(trɪk)	*n.*	把戲
•**tricky** [3]	('trɪkɪ)	*adj.*	難處理的
•**triumph** [4]	('traɪəmf)	*n.*	勝利
triumphant [6]	(traɪ'ʌmfənt)	*adj.*	得意洋洋的
‡**triangle** [2]	('traɪ,æŋgḷ)	*n.*	三角形

6.

•**tropical** [3]	('trɑpɪkḷ)	*adj.*	熱帶的
tropic [6]	('trɑpɪk)	*n.*	回歸線
trophy [6]	('trofɪ)	*n.*	獎杯
‡**trouble** [1]	('trʌbḷ)	*n.*	麻煩
•**troublesome** [4]	('trʌbḷsəm)	*adj.*	麻煩的
‡**trousers** [2]	('trauzɚz)	*n. pl.*	褲子
•**tribe** [3]	(traɪb)	*n.*	部落
tribal [4]	('traɪbḷ)	*adj.*	部落的
•**trial** [2]	('traɪəl)	*n.*	審判

7.

‡‡true [1]	〔 tru 〕	adj.	真的
truce [6]	〔 trus 〕	n.	停戰
truant [6]	〔'truənt 〕	n.	曠課者
‡truck [2]	〔 trʌk 〕	n.	卡車
•trunk [3]	〔 trʌŋk 〕	n.	後車廂
‡trumpet [2]	〔'trʌmpɪt 〕	n.	喇叭
‡tub [3]	〔 tʌb 〕	n.	浴缸
•tube [2]	〔 tjub 〕	n.	管子
tuberculosis [6]	〔tju,bɝkjə'losɪs 〕	n.	肺結核

8.

tuck [5]	〔 tʌk 〕	v.	捲起 (衣袖)
•tug [3]	〔 tʌg 〕	v.	用力拉
•tug-of-war [4]	〔,tʌgəf'wɔr 〕	n.	拔河
‡turkey [2]	〔'tɝkɪ 〕	n.	火雞
‡turtle [2]	〔'tɝtḷ 〕	n.	海龜
turmoil [6]	〔'tɝmɔɪl 〕	n.	混亂
•tutor [3]	〔'tjutɚ 〕	n.	家庭教師
tuition [5]	〔 tju'ɪʃən 〕	n.	學費
tumor [6]	〔'tjumɚ 〕	n.	腫瘤

9.

*twin³	(twɪn)	*n.*	雙胞胎之一
*twinkle⁴	('twɪŋkl̩)	*v.*	閃爍
*twist³	(twɪst)	*v.*	扭曲
*twig³	(twɪg)	*n.*	小樹枝
‡twice¹	(twaɪs)	*adv.*	兩次
twilight⁶	('twaɪ,laɪt)	*n.*	微光
type²	(taɪp)	*n.*	類型
*typist⁴	('taɪpɪst)	*n.*	打字員
*typewriter³	('taɪp,raɪtə)	*n.*	打字機

10.

undergo⁶	(,ʌndə'go)	*v.*	經歷
undergraduate⁵	(,ʌndə'grædʒuɪt)	*n.*	大學生
underestimate⁶	(,ʌndə'ɛstə,met)	*v.*	低估
‡underline⁵	(,ʌndə'laɪn)	*v.*	在…畫底線
undermine⁶	(,ʌndə'maɪn)	*v.*	損害
undertake⁶	(,ʌndə'tek)	*v.*	承擔
underneath⁵	(,ʌndə'niθ)	*prep.*	在…之下
‡underpass⁴	('ʌndə,pæs)	*n.*	地下道
‡underwear²	('ʌndə,wɛr)	*n.*	內衣

11.

unify ⁶	('junə,faɪ)	v.	統一
uniform ²	('junə,fɔrm)	n.	制服
union ³	('junjən)	n.	聯盟
unite ³	(ju'naɪt)	v.	使聯合
unity ³	('junətɪ)	n.	統一
unit ¹	('junɪt)	n.	單位
universe ³	('junə,vɝs)	n.	宇宙
universal ⁴	(,junə'vɝsḷ)	adj.	普遍的
university ⁴	(,junə'vɝsətɪ)	n.	大學

12.

update ⁵	(ʌp'det)	v.	更新
upgrade ⁶	(ʌp'gred)	v.	使升級
upbringing ⁶	('ʌp,brɪŋɪŋ)	n.	養育
uphold ⁶	(ʌp'hold)	v.	維護
upload ⁴	(ʌp'lod)	v.	上傳
upper ²	('ʌpɚ)	adj.	上面的
upright ⁵	('ʌp,raɪt)	adj.	直立的
upset ³	(,ʌp'sɛt)	adj.	不高興的
upstairs ¹	(,ʌp'stɛrz)	adv.	到樓上

13.

*urge [4]	〔 ɝdʒ 〕	v. 催促
*urgent [4]	〔'ɝdʒənt 〕	adj. 緊急的
urgency [6]	〔'ɝdʒənsɪ 〕	n. 迫切
urine [6]	〔'jurɪn 〕	n. 尿
uranium [6]	〔 ju'renɪəm 〕	n. 鈾
‡usual [2]	〔'juʒuəl 〕	adj. 平常的
utilize [6]	〔'jutḷ,aɪz 〕	v. 利用
utility [6]	〔 ju'tɪlətɪ 〕	n. 效用
utensil [6]	〔 ju'tɛnsḷ 〕	n. 用具

14.

*vacant [3]	〔'vekənt 〕	adj. 空的
vacancy [5]	〔'vekənsɪ 〕	n. 空房
‡vacation [2]	〔 ve'keʃən 〕	n. 假期
‡value [2]	〔'vælju 〕	n. 價值
valuable [3]	〔'væljuəbḷ 〕	adj. 有價值的
‡valley [2]	〔'vælɪ 〕	n. 山谷
valid [6]	〔'vælɪd 〕	adj. 有效的
validity [6]	〔 və'lɪdətɪ 〕	n. 效力
valiant [6]	〔'væljənt 〕	adj. 英勇的

15.

*van³	〔væn〕	n. 廂型車
vanilla⁶	〔və'nɪlə〕	n. 香草
*vanish³	〔'vænɪʃ〕	v. 消失
vanity⁵	〔'vænətɪ〕	n. 虛榮心
*vary³	〔'vɛrɪ〕	v. 改變
*various³	〔'vɛrɪəs〕	adj. 各式各樣的
variable⁶	〔'vɛrɪəbḷ〕	adj. 多變的
variation⁶	〔ˌvɛrɪ'eʃən〕	n. 變化
*variety³	〔və'raɪətɪ〕	n. 多樣性

16.

‡vegetable¹	〔'vɛdʒətəbḷ〕	n. 蔬菜
*vegetarian⁴	〔ˌvɛdʒə'tɛrɪən〕	n. 素食主義者
vegetation⁵	〔ˌvɛdʒə'teʃən〕	n. 植物
vend⁶	〔vɛnd〕	v. 販賣
*vendor⁶	〔'vɛndɚ〕	n. 小販
venture⁵	〔'vɛntʃɚ〕	v. 冒險
*verb⁴	〔vɝb〕	n. 動詞
verbal⁵	〔'vɝbḷ〕	adj. 口頭的
verge⁶	〔vɝdʒ〕	n. 邊緣

17.

*verse [3]	〔 vɜs 〕	n. 詩
versatile [6]	〔'vɜsətaɪl 〕	adj. 多才多藝的
version [6]	〔'vɜʒən 〕	n. 版本
via [5]	〔'vaɪə 〕	prep. 經由
vibrate [5]	〔'vaɪbret 〕	v. 震動
vibration [6]	〔 vaɪ'breʃən 〕	n. 震動
vice [6]	〔 vaɪs 〕	n. 邪惡
*vice-president [3]	〔,vaɪs'prɛzədənt 〕	n. 副總統
vicious [6]	〔'vɪʃəs 〕	adj. 邪惡的

18.

victor [6]	〔'vɪktə 〕	n. 勝利者
‡victory [2]	〔'vɪktrɪ 〕	n. 勝利
victorious [6]	〔 vɪk'torɪəs 〕	adj. 勝利的
‡‡video [2]	〔'vɪdɪ,o 〕	n. 影片
*view [1]	〔 vju 〕	n. 看法
viewer [5]	〔'vjuə 〕	n. 觀眾
vigor [5]	〔'vɪgə 〕	n. 活力
vigorous [5]	〔'vɪgərəs 〕	adj. 精力充沛的
*victim [3]	〔'vɪktɪm 〕	n. 受害者

19.

villa⁶	('vɪlə)	n.	別墅
*village²	('vɪlɪdʒ)	n.	村莊
villain⁵	('vɪlən)	n.	惡棍
vine⁵	(vaɪn)	n.	葡萄藤
‡vinegar³	('vɪnɪgə)	n.	醋
vineyard⁶	('vɪnjəd)	n.	葡萄園
*violate⁴	('vaɪə,let)	v.	違反
*violation⁴	(,vaɪə'leʃən)	n.	違反
*violence³	('vaɪələns)	n.	暴力

20.

‡violin²	(,vaɪə'lɪn)	n.	小提琴
violinist⁵	(,vaɪə'lɪnɪst)	n.	小提琴手
*violet³	('vaɪəlɪt)	n.	紫羅蘭
*virtue⁴	('vɝtʃu)	n.	美德
virtual⁶	('vɝtʃuəl)	adj.	實際上的
*virgin⁴	('vɝdʒɪn)	n.	處女
visa⁵	('vizə)	n.	簽證
*visible³	('vɪzəbl̩)	adj.	看得見的
*vision³	('vɪʒən)	n.	視力

21.

‡**visit** [1]	('vɪzɪt)	v.	拜訪
***visual** [4]	('vɪʒʊəl)	adj.	視覺的
visualize [6]	('vɪʒʊəl,aɪz)	v.	想像
***vital** [4]	('vaɪtḷ)	adj.	非常重要的
vitality [6]	(vaɪ'tælətɪ)	n.	活力
***vitamin** [3]	('vaɪtəmɪn)	n.	維他命
vocation [6]	(vo'keʃən)	n.	職業
vocational [6]	(vo'keʃənḷ)	adj.	職業的
vocabulary [2]	(və'kæbjə,lɛrɪ)	n.	字彙

22.

‡**voice** [1]	(vɔɪs)	n.	聲音
vocal [6]	('vokḷ)	adj.	聲音的
***volcano** [4]	(val'keno)	n.	火山
***volume** [3]	('valjəm)	n.	音量
***voluntary** [4]	('valən,tɛrɪ)	adj.	自願的
***volunteer** [4]	(,valən'tɪr)	v.	自願
‡**vote** [2]	(vot)	v.	投票
***voter** [2]	('votɚ)	n.	投票者
vomit [6]	('vamɪt)	v.	嘔吐

23.

wag [3]	﹝wæg﹞	v.	搖動（尾巴）
*wagon [3]	﹝'wægən﹞	n.	四輪馬車
*wage [3]	﹝wedʒ﹞	n.	工資
‡wait [1]	﹝wet﹞	v.	等
*waist [2]	﹝west﹞	n.	腰
wail [5]	﹝wel﹞	v.	哭叫
‡wake [2]	﹝wek﹞	v.	醒來
*waken [3]	﹝'wekən﹞	v.	叫醒
waitress [2]	﹝'wetrɪs﹞	n.	女服務生

24.

‡wall [1]	﹝wɔl﹞	n.	牆壁
*wallet [2]	﹝'walɪt﹞	n.	皮夾
walnut [4]	﹝'wɔlnət﹞	n.	核桃
‡war [1]	﹝wɔr﹞	n.	戰爭
ward [5]	﹝wɔrd﹞	n.	病房
wardrobe [6]	﹝'wɔrdrob﹞	n.	衣櫥
ware [5]	﹝wɛr﹞	n.	用品
warehouse [5]	﹝'wɛr,haʊs﹞	n.	倉庫
warfare [6]	﹝'wɔr,fɛr﹞	n.	戰爭

25.

•**warn** ³	〔wɔrn 〕	v.	警告
warrior ⁵	〔'wɔrɪɚ 〕	n.	戰士
wary ⁵	〔'wεrɪ 〕	adj.	小心的
‡**waterfall** ²	〔'wɔtɚ,fɔl 〕	n.	瀑布
‡**watermelon** ²	〔'wɔtɚ,mɛlən 〕	n.	西瓜
•**waterproof** ⁶	〔'wɔtɚpruf 〕	adj.	防水的
•**wealth** ³	〔wεlθ 〕	n.	財富
•**wealthy** ³	〔'wεlθɪ 〕	adj.	有錢的
•**weapon** ²	〔'wεpən 〕	n.	武器

26.

•**wed** ²	〔wεd 〕	v.	與…結婚
•**wedding** ¹	〔'wεdɪŋ 〕	n.	婚禮
‡**Wednesday** ¹	〔'wεnzdɪ 〕	n.	星期三
•**weekday** ²	〔'wik,de 〕	n.	平日
‡**weekend** ¹	〔'wik'εnd 〕	n.	週末
weekly ⁴	〔'wiklɪ 〕	adj.	每週的
‡**weep** ³	〔wip 〕	v.	哭泣
•**weigh** ¹	〔we 〕	v.	重…
•**weight** ¹	〔wet 〕	n.	重量

27.

‡well [1]	〔 wɛl 〕	adv.	很好
‡welcome [1]	〔'wɛlkəm〕	v.	歡迎
•welfare [4]	〔'wɛl,fɛr〕	n.	福利
•west [1]	〔 wɛst 〕	n.	西方
‡western [2]	〔'wɛstən〕	adj.	西方的
weird [5]	〔 wɪrd 〕	adj.	怪異的
•whale [2]	〔 hwel 〕	n.	鯨魚
wharf [5]	〔 hwɔrf 〕	n.	碼頭
‡whatsoever [6]	〔,hwatso'ɛvə〕	pron.	任何…的事物

28.

‡wheat [3]	〔 hwit 〕	n.	小麥
‡wheel [2]	〔 hwil 〕	n.	輪子
•wheelchair [5]	〔'hwil'tʃɛr〕	n.	輪椅
whenever [2]	〔 hwɛn'ɛvə 〕	conj.	無論何時
•whereas [5]	〔 hwɛr'æz 〕	conj.	然而
whereabouts [5]	〔'hwɛrə,bauts〕	n.	下落
•whisk [5]	〔 hwɪsk 〕	v.	揮走
whisky [5]	〔'hwɪskɪ〕	n.	威士忌
•whisper [2]	〔'hwɪspə 〕	v.	小聲說

29.

whip ³	(*h*wɪp)	v. 鞭打
•whistle ³	('hwɪsḷ)	v. 吹口哨
•whine ⁵	(*h*waɪn)	v. 抱怨

wipe ³	(waɪp)	v. 擦
wise ²	(waɪz)	adj. 聰明的
wisdom ³	('wɪzdəm)	n. 智慧

withdraw ⁴	(wɪð'drɔ)	v. 撤退
withstand ⁶	(wɪθ'stænd)	v. 抵抗
wither ⁵	('wɪðɚ)	v. 枯萎

30.

•whole ¹	(hol)	adj. 全部的
•wholesale ⁵	('hol,sel)	n. 批發
•wholesome ⁵	('holsəm)	adj. 有益健康的

•wide ¹	(waɪd)	adj. 寬的
•widen ²	('waɪdn̩)	v. 使變寬
•widespread ⁵	('waɪd'sprɛd)	adj. 普遍的

‡window ¹	('wɪndo)	n. 窗戶
widow ⁵	('wɪdo)	n. 寡婦
widower ⁵	('wɪdəwɚ)	n. 鰥夫

31.

‡**wild** ²	〔waɪld〕	*adj.*	野生的
wilderness ⁵	〔'wɪldənɪs〕	*n.*	荒野
wildlife ⁵	〔'waɪld,laɪf〕	*n.*	野生動物
‡**win** ¹	〔wɪn〕	*v.*	贏
‡**wind** ¹	〔wɪnd〕	*n.*	風
windshield ⁶	〔'wɪnd,ʃild〕	*n.*	擋風玻璃
•**wit** ⁴	〔wɪt〕	*n.*	機智
witty ⁶	〔'wɪtɪ〕	*adj.*	機智的
•**witness** ⁴	〔'wɪtnɪs〕	*n.*	目擊者

32.

woo ⁶	〔wu〕	*v.*	追求
‡**wood** ¹	〔wʊd〕	*n.*	木頭
•**wooden** ²	〔'wʊdn̩〕	*adj.*	木製的
woodpecker ⁵	〔'wʊd,pɛkə〕	*n.*	啄木鳥
‡**woods** ¹	〔wʊdz〕	*n. pl.*	森林
•**wool** ²	〔wʊl〕	*n.*	羊毛
•**wonder** ²	〔'wʌndə〕	*n.*	奇觀
‡**wonderful** ²	〔'wʌndə·fəl〕	*adj.*	很棒的
workshop ⁵	〔'wɜk,ʃɑp〕	*n.*	小工廠

33.

*worse [1]	(wɝs)	adj.	更糟的
*worst [1]	(wɝst)	adj.	最糟的
worship [5]	('wɝʃəp)	n.	崇拜
*wreck [3]	(rɛk)	n. v.	船難
wrench [6]	(rɛntʃ)	v.	用力扭轉
wrestle [6]	('rɛsl̩)	v.	扭打
wring [5]	(rɪŋ)	v.	擰乾
*wrinkle [4]	('rɪŋkl̩)	n.	皺紋
‡wrist [3]	(rɪst)	n.	手腕

34.

*yell [3]	(jɛl)	v.	大叫
‡yellow [1]	('jɛlo)	adj.	黃色的
‡yesterday [1]	('jɛstə˵de)	adv.	昨天
yoga [5]	('jogə)	n.	瑜伽
*yogurt [4]	('jogət)	n.	優格
*yolk [3]	(jok)	n.	蛋黃
‡young [1]	(jʌŋ)	adj.	年輕的
*youngster [3]	('jʌŋstə)	n.	年輕人
*yummy [1]	('jʌmɪ)	adj.	好吃的

35.

‡**yes** [1]	﹝ jɛs ﹞	*adv.* 是
‡**yeah** [1]	﹝ jɛ ﹞	*adv.* 是
‡**yet** [1]	﹝ jɛt ﹞	*adv.* 還（沒）
yacht [5]	﹝ jɑt ﹞	*n.* 遊艇
***yard** [2]	﹝ jɑrd ﹞	*n.* 院子
yarn [5]	﹝ jɑrn ﹞	*n.* 毛線
yeast [5]	﹝ jist ﹞	*n.* 酵母菌
yield [5]	﹝ jild ﹞	*v.* 出產
***yucky** [1]	﹝ˈjʌkɪ﹞	*adj.* 討厭的

36.

zip [5]	﹝ zɪp ﹞	*v.* 拉拉鍊
***zipper** [3]	﹝ˈzɪpɚ﹞	*n.* 拉鍊
zinc [5]	﹝ zɪŋk ﹞	*n.* 鋅
‡**zoo** [1]	﹝ zu ﹞	*n.* 動物園
zoom [5]	﹝ zum ﹞	*v.* 急速移動
***zone** [3]	﹝ zon ﹞	*n.* 地區
‡**zero** [1]	﹝ˈzɪro﹞	*n.* 零
zeal [6]	﹝ zil ﹞	*n.* 熱心
‡**zebra** [2]	﹝ˈzibrə﹞	*n.* 斑馬

一口氣背 7000 字 ⑮

1.

abdomen⁴	('æbdəmən)	*n.*	腹部
abide⁵	(ə'baɪd)	*v.*	忍受
abnormal⁶	(æb'nɔrml̩)	*adj.*	不正常的
abolish⁵	(ə'balɪʃ)	*v.*	廢除
abrupt⁵	(ə'brʌpt)	*adj.*	突然的
ace⁵	(es)	*n.*	一流人才
*acid⁴	('æsɪd)	*adj.*	酸性的
acne⁵	('æknɪ)	*n.*	粉刺
*acre⁴	('ekɚ)	*n.*	英畝

2.

ago¹	(ə'go)	*adv.*	…以前
agony⁵	('ægənɪ)	*n.*	極大的痛苦
aisle⁵	(aɪl)	*n.*	走道
ambush⁶	('æmbuʃ)	*n.*	埋伏
amiable⁶	('emɪəbl̩)	*adj.*	友善的
ample⁵	('æmpl̩)	*adj.*	豐富的
amplify⁶	('æmplə,faɪ)	*v.*	放大
analogy⁶	(ə'nælədʒɪ)	*n.*	相似
anonymous⁶	(ə'nɑnəməs)	*adj.*	匿名的

3.

*arise [4]	(ə'raɪz)	v.	發生
*arouse [4]	(ə'rauz)	v.	喚起
ascend [5]	(ə'sɛnd)	v.	上升
*ashamed [4]	(ə'ʃemd)	adj.	感到羞恥的
asylum [6]	(ə'saɪləm)	n.	收容所
*aspect [4]	('æspɛkt)	n.	方面
*aspirin [4]	('æspərɪn)	n.	阿斯匹靈
*avenue [3]	('ævə,nju)	n.	大道
aviation [6]	(,evɪ'eʃən)	n.	航空

4.

beware [5]	(bɪ'wɛr)	v.	小心
beverage [6]	('bɛvərɪdʒ)	n.	飲料
bleach [5]	(blitʃ)	v.	漂白
bleak [6]	(blik)	adj.	荒涼的
*blend [4]	(blɛnd)	v.	混合
*boast [4]	(bost)	v.	自誇
boost [6]	(bust)	v.	提高
bodily [5]	('badɪlɪ)	adj.	身體上的
bodyguard [5]	('badɪ,gard)	n.	保鏢

5.

bog⁵	(bag)	n. 沼澤
*bold³	(bold)	adj. 大膽的
bolt⁵	(bolt)	n. 閃電
‡bomb²	(bam)	n. 炸彈
bombard⁶	(bam'bard)	v. 轟炸
boom⁵	(bum)	v. 興隆
bosom⁵	('buzəm)	n. 胸部
botany⁵	('batnɪ)	n. 植物學
boulevard⁵	('bulə,vard)	n. 林蔭大道

6.

*broke⁴	(brok)	adj. 沒錢的
broil⁴	(brɔɪl)	v. 烤
bronze⁵	(branz)	n. 青銅
brooch⁵	(brotʃ)	n. 胸針
brochure⁶	(bro'ʃur)	n. 小冊子
*brutal⁴	('brutl)	adj. 殘忍的
brute⁶	(brut)	n. 殘暴的人
bully⁵	('bulɪ)	v. 欺負
butcher⁵	('butʃɚ)	n. 屠夫

7.

*cane[3]	〔ken〕	n. 手杖
*cape[4]	〔kep〕	n. 披肩
capsule[6]	〔'kæpsḷ〕	n. 膠囊
‡caption[6]	〔'kæpʃən〕	n. 標題
carol[6]	〔'kærəl〕	n. 耶誕頌歌
carrier[4]	〔'kærɪɚ〕	n. 帶菌者
*carriage[3]	〔'kærɪdʒ〕	n. 四輪馬車
ceramic[3]	〔sə'ræmɪk〕	adj. 陶器的
*ceremony[5]	〔'sɛrə,monɪ〕	n. 典禮

8.

*chimney[3]	〔'tʃɪmnɪ〕	n. 煙囪
chimpanzee[5]	〔,tʃɪmpæn'zi〕	n. 黑猩猩
‡chin[2]	〔tʃɪn〕	n. 下巴
*chip[3]	〔tʃɪp〕	n. 薄片
*chirp[3]	〔tʃɝp〕	v. 發出鳥叫聲
chef[5]	〔ʃɛf〕	n. 主廚
choir[5]	〔kwaɪr〕	n. 唱詩班
cite[5]	〔saɪt〕	v. 引用
civic[5]	〔'sɪvɪk〕	adj. 公民的

9.

clan[5]	﹝klæn﹞	*n.* 家族
‡**clash**[4]	﹝klæʃ﹞	*v.* 起衝突
clasp[5]	﹝klæsp﹞	*v. n.* 緊握
‡‡**cold**[1]	﹝kold﹞	*adj.* 冷的
coil[5]	﹝kɔɪl﹞	*n.* 捲
***cone**[3]	﹝kon﹞	*n.* 圓錐體
***compose**[4]	﹝kəm'poz﹞	*v.* 組成
***composer**[4]	﹝kəm'pozɚ﹞	*n.* 作曲家
***composition**[4]	﹝ˌkampə'zɪʃən﹞	*n.* 作文

10.

component[6]	﹝kəm'ponənt﹞	*n.* 成分
comrade[5]	﹝'kamræd﹞	*n.* 夥伴
conceal[5]	﹝kən'sil﹞	*v.* 隱藏
concede[6]	﹝kən'sid﹞	*v.* 承認
conceit[6]	﹝kən'sit﹞	*n.* 自負
***conflict**[2]	﹝kən'flɪkt﹞	*v.* 衝突
conform[6]	﹝kən'fɔrm﹞	*v.* 遵守
***confront**[5]	﹝kən'frʌnt﹞	*v.* 使面對
***confrontation**[6]	﹝ˌkanfrən'teʃən﹞	*n.* 對立

11.

*constant [3]	('kɑnstənt)	adj.	不斷的
*consonant [4]	('kɑnsənənt)	n.	子音
cope [4]	(kop)	v.	處理
corpse [6]	(kɔrps)	n.	屍體
cosmetic [6]	(kɑz'mɛtɪk)	adj.	化妝用的
cosmetics [6]	(kɑz'mɛtɪks)	n. pl.	化妝品
cosmopolitan [6]	(,kɑzmə'pɑlətn̩)	adj.	世界性的
*cozy [5]	('kozɪ)	adj.	溫暖而舒適的
cowardly [5]	('kɑuə·dlɪ)	adj.	膽小的

12.

*creep [3]	(krip)	v.	悄悄地前進
creek [5]	(krik)	n.	小河
creak [5]	(krik)	v.	發出嘎嘎聲
crib [5]	(krɪb)	n.	嬰兒床
criterion [6]	(kraɪ'tɪrɪən)	n.	標準
*crush [4]	(krʌʃ)	v.	壓扁
crunch [5]	(krʌntʃ)	v.	嘎吱嘎吱地咬
crystal [5]	('krɪstl̩)	n.	水晶
cuisine [5]	(kwɪ'zin)	n.	菜餚

13.

*deed [3]	(did)	n. 行為
deem [6]	(dim)	v. 認為
decent [6]	('disnt)	adj. 高尚的
‡decrease [4]	(dɪ'kris)	v. 減少
degrade [6]	(dɪ'gred)	v. 降低(地位、人格)
dedicate [6]	('dɛdə,ket)	v. 奉獻
dedication [6]	(,dɛdə'keʃən)	n. 奉獻
*deny [2]	(dɪ'naɪ)	v. 否認
denial [5]	(dɪ'naɪəl)	n. 否認

14.

*dense [4]	(dɛns)	adj. 濃密的
density [6]	('dɛnsətɪ)	n. 密度
derive [6]	(dɪ'raɪv)	v. 源自
detach [6]	(dɪ'tætʃ)	v. 使分離
depict [6]	(dɪ'pɪkt)	v. 描繪
*depth [2]	(dɛpθ)	n. 深度
deputy [6]	('dɛpjətɪ)	adj. 副的
diagram [6]	('daɪə,græm)	n. 圖表
diameter [6]	(daɪ'æmətɚ)	n. 直徑

15.

‡**diligent** ³	('dɪlədʒənt)	*adj.*	勤勉的
•**diligence** ⁴	('dɪlədʒəns)	*n.*	勤勉
•**dismiss** ⁴	(dɪs'mɪs)	*v.*	解散
•**dispute** ⁴	(dɪ'spjut)	*v.*	爭論
disperse ⁶	(dɪ'spɜs)	*v.*	驅散
dismay ⁶	(dɪs'me)	*n.*	驚慌
disregard ⁶	(,dɪsrɪ'gɑrd)	*v.*	忽視
•**distinguish** ⁴	(dɪ'stɪŋgwɪʃ)	*v.*	分辨
•**distinguished** ⁴	(dɪ'stɪŋgwɪʃt)	*adj.*	卓越的

16.

distract ⁶	(dɪ'strækt)	*v.*	使分心
distraction ⁶	(dɪ'strækʃən)	*n.*	分心
distress ⁵	(dɪ'strɛs)	*n.*	痛苦
distrust ⁶	(dɪs'trʌst)	*v.*	不信任
district ⁴	('dɪstrɪkt)	*n.*	地區
distort ⁶	(dɪs'tɔrt)	*v.*	使扭曲
•**distribute** ⁴	(dɪ'strɪbjut)	*v.*	分配
•**distribution** ⁴	(,dɪstrə'bjuʃən)	*n.*	分配
disturbance ⁶	(dɪ'stɜbəns)	*n.*	擾亂

17.

‡**dozen** [1]　　　　　〔'dʌzn 〕　　　　*n.* 一打
•**doze** [4]　　　　　〔doz 〕　　　　*v.* 打瞌睡

•**draft** [4]　　　　　〔dræft 〕　　　　*n.* 草稿
drastic [6]　　　　〔'dræstɪk 〕　　　*adj.* 激烈的
drape [5]　　　　　〔drep 〕　　　　*n.* 窗簾

•**due** [3]　　　　　　〔dju 〕　　　　　*adj.* 到期的
dubious [6]　　　　〔'djubɪəs 〕　　　*adj.* 可疑的

•**durable** [4]　　　　〔'djʊrəbl 〕　　　*adj.* 耐用的
•**duration** [5]　　　〔dju'reʃən 〕　　*n.* 期間

18.

•**drown** [3]　　　　　〔draʊn 〕　　　　*v.* 淹死
•**drowsy** [3]　　　　〔'draʊzɪ 〕　　　*adj.* 想睡的

dwell [5]　　　　　〔dwɛl 〕　　　　*v.* 居住
dwelling [5]　　　〔'dwɛlɪŋ 〕　　　*n.* 住宅
dwarf [5]　　　　　〔dwɔrf 〕　　　　*n.* 侏儒

•**dye** [4]　　　　　　〔daɪ 〕　　　　　*v.* 染
•**dynamic** [4]　　　〔daɪ'næmɪk 〕　　*adj.* 充滿活力的

dynamite [6]　　　〔'daɪnə,maɪt 〕　*n.* 炸藥
•**dynasty** [4]　　　　〔'daɪnəstɪ 〕　　*n.* 朝代

19.

ease [1]	〔iz〕	n. 容易
•eel [5]	〔il〕	n. 鰻魚
•ego [5]	〔'igo〕	n. 自我
ebb [6]	〔ɛb〕	n. v. 退潮
•echo [3]	〔'ɛko〕	n. 回音
ecstasy [6]	〔'ɛkstəsɪ〕	n. 狂喜
•ecology [6]	〔ɪ'kalədʒɪ〕	n. 生態學
‡eccentric [6]	〔ɪk'sɛntrɪk〕	adj. 古怪的
elite [6]	〔ɪ'lit〕	n. 菁英分子

20.

•elastic [4]	〔ɪ'læstɪk〕	adj. 有彈性的
elaborate [5]	〔ɪ'læbərɪt〕	adj. 精巧的
•eliminate [4]	〔ɪ'lɪmə,net〕	v. 除去
‡emotion [2]	〔ɪ'moʃən〕	n. 情緒
•emotional [4]	〔ɪ'moʃənl̩〕	adj. 感情的
•embrace [5]	〔ɪm'bres〕	v. 擁抱
envy [3]	〔'ɛnvɪ〕	n. v. 羨慕
episode [6]	〔'ɛpə,sod〕	n. (連續劇的) 一集
epidemic [6]	〔,ɛpə'dɛmɪk〕	n. 傳染病

21.

*escape ³	(ə'skep)	v.	逃走
esteem ⁵	(ə'stim)	n.	尊敬
estimate ⁴	('ɛstə,met)	v.	估計

eternal ⁵	(ɪ'tɜnl̩)	adj.	永恆的
eternity ⁶	(ɪ'tɜnətɪ)	n.	永恆
ethnic ⁶	('ɛθnɪk)	adj.	種族的

ethic ⁵	('ɛθɪk)	n.	道德規範
ethical ⁶	('ɛθɪkl̩)	adj.	道德的
ethics ⁵	('ɛθɪks)	n. pl.	道德

22.

evergreen ⁵	('ɛvɚ,grin)	adj.	常綠的
evolution ⁶	(,ɛvə'luʃən)	n.	進化
evolve ⁶	(ɪ'vɑlv)	v.	進化

*extreme ³	(ɪk'strim)	adj.	極端的
*extraordinary ⁴	(ɪk'strɔrdn̩,ɛrɪ)	adj.	不尋常的
excerpt ⁶	(ɪk'sɜpt)	v.	摘錄

exile ⁵	('ɛgzaɪl)	v.	放逐
explicit ⁶	(ɪk'splɪsɪt)	adj.	明確的
expertise ⁶	(,ɛkspɚ'tiz)	n.	專門的知識

23.

‡**factory** ¹	('fæktrɪ)	*n.*	工廠
faculty ⁶	('fækl̩tɪ)	*n.*	全體教職員
fad ⁵	(fæd)	*n.*	一時的流行
***fashion** ³	('fæʃən)	*n.*	流行
fascinate ⁵	('fæsn̩,et)	*v.*	使著迷
fascination ⁶	(,fæsn̩'eʃən)	*n.*	魅力
‡**fee** ²	(fi)	*n.*	費用
feeble ⁵	('fibl̩)	*adj.*	虛弱的
feedback ⁶	('fid,bæk)	*n.*	反應

24.

‡**fill** ¹	(fɪl)	*v.*	使充滿
‡**film** ²	(fɪlm)	*n.*	影片
filter ⁵	('fɪltɚ)	*v.*	過濾
file ³	(faɪl)	*n.*	檔案
‡**fine** ¹	(faɪn)	*adj.*	好的
finite ⁶	('faɪnaɪt)	*adj.*	有限的
***flow** ²	(flo)	*v.*	流動
flap ⁵	(flæp)	*v.*	拍動
flip ⁵	(flɪp)	*v.*	輕抛

25.

*float ³	(flot)	v. 飄浮
*foam ⁴	(fom)	n. 泡沫
foil ⁵	(fɔɪl)	n. 金屬薄片
*frequent ³	('frikwənt)	adj. 經常的
*frequency ⁴	('frikwənsɪ)	n. 頻繁
freak ⁶	(frik)	n. 怪人
fresh ¹	(frɛʃ)	adj. 新鮮的
*freshman ⁴	('frɛʃmən)	n. 新生
fret ⁶	(frɛt)	v. 煩惱

26.

‡fruit ¹	(frut)	n. 水果
*frost ⁴	(frɔst)	n. 霜
*frown ⁴	(fraʊn)	v. 皺眉頭
‡fry ³	(fraɪ)	v. 油炸
*frustration ⁴	(frʌs'treʃən)	n. 挫折
friction ⁶	('frɪkʃən)	n. 摩擦
fume ⁵	(fjum)	n. 煙霧
fuse ⁵	(fjuz)	n. 保險絲
*funeral ⁴	('fjunərəl)	n. 葬禮

27.

gay [5]	(ge)	n.	男同性戀者
‡gain [2]	(gen)	v.	獲得
*gaze [4]	(gez)	v. n.	凝視
glare [5]	(glɛr)	v.	怒視
glacier [5]	('gleʃɚ)	n.	冰河
galaxy [6]	('gæləksɪ)	n.	銀河
glee [5]	(gli)	n.	高興
gleam [5]	(glim)	v.	閃爍
*glide [4]	(glaɪd)	v.	滑行

28.

‡good [1]	(gʊd)	adj.	好的
*goods [4]	(gʊdz)	n. pl.	商品
gnaw [5]	(nɔ)	v.	啃
*grief [4]	(grif)	n.	悲傷
*grieve [4]	(griv)	v.	悲傷
grill [6]	(grɪl)	n.	烤架
*grin [3]	(grɪn)	v.	露齒而笑
grim [5]	(grɪm)	adj.	嚴厲的
grip [5]	(grɪp)	v.	緊抓

29.

*grab ³	(græb)	v. 抓住
grumble ⁵	('grʌmbl̩)	v. 抱怨
guerrilla ⁶	(gə'rɪlə)	n. 游擊隊隊員

*gum ³	(gʌm)	n. 口香糖
*gulf ⁴	(gʌlf)	n. 海灣
gulp ⁵	(gʌlp)	v. 大口地喝

‡gun ¹	(gʌn)	n. 槍
gut ⁵	(gʌt)	n. 腸
gust ⁵	(gʌst)	n. 一陣風

30.

hail ⁶,⁵	(hel)	v. 向～歡呼
*hatch ³	(hætʃ)	v. 孵化
hazard ⁶	('hæzəd)	n. 危險

*heal ³	(hil)	v. 痊癒
heed ⁵	(hid)	v. n. 注意
hereafter ⁶	(hɪr'æftə)	adv. 今後

heir ⁵	(ɛr)	n. 繼承人
hedge ⁵	(hɛdʒ)	n. 樹籬
hemisphere ⁶	('hɛməs,fɪr)	n. 半球

31.

‡help¹	(hɛlp)	n. v.	幫助
‡hen²	(hɛn)	n.	母雞
hence⁵	(hɛns)	adv.	因此
‡hide²	(haɪd)	v.	隱藏
•hive³	(haɪv)	n.	蜂巢
hi-fi⁵	('haɪ'faɪ)	n.	高傳眞
‡hire²	(haɪr)	v.	雇用
‡height²	(haɪt)	n.	高度
heighten⁵	('haɪtn̩)	v.	升高

32.

‡hot¹	(hɑt)	adj.	熱的
‡hop²	(hɑp)	v.	跳
hospitalize⁶	('hɑspɪtl̩,aɪz)	v.	使住院
honk⁵	(hɔŋk)	v.	按（喇叭）
hover⁵	('hʌvɚ)	v.	盤旋
hoarse⁵	(hɔrs)	adj.	沙啞的
‡hurt¹	(hɝt)	v.	傷害
hurl⁵	(hɝl)	v.	用力投擲
hound⁵	(haʊnd)	n.	獵犬

33.

‡**ill** [2]	(ɪl)	*adj.*	生病的
illuminate [6]	(ɪ'lumə,net)	*v.*	照亮
***immigrant** [4]	('ɪməgrənt)	*n.*	(從外國來的) 移民
***immigrate** [4]	('ɪmə,gret)	*v.*	移入
***immigration** [4]	(,ɪmə'greʃən)	*n.*	移入
immense [5]	(ɪ'mɛns)	*adj.*	巨大的
immune [6]	(ɪ'mjun)	*adj.*	免疫的
imperial [5]	(ɪm'pɪrɪəl)	*adj.*	帝國的
imperative [6]	(ɪm'pɛrətɪv)	*adj.*	緊急的

34.

***impact** [4]	('ɪmpækt)	*n.*	影響
impulse [5]	('ɪmpʌls)	*n.*	衝動
implement [6]	('ɪmplə,mɛnt)	*v.*	實施
impose [5]	(ɪm'poz)	*v.*	強加
imposing [6]	(ɪm'pozɪŋ)	*adj.*	雄偉的
imprison [6]	(ɪm'prɪzn̩)	*v.*	囚禁
imprisonment [6]	(ɪm'prɪzn̩mənt)	*n.*	囚禁
‡**income** [2]	('ɪn,kʌm)	*n.*	收入
‡**increase** [2]	('ɪnkris)	*n.*	增加

35.

induce ⁵	(ɪn'djus)	v. 引起
indulge ⁵	(ɪn'dʌldʒ)	v. 使沈迷
inevitable ⁶	(ɪn'ɛvətəbl̩)	adj. 不可避免的
·infant ⁴	('ɪnfənt)	n. 嬰兒
infinite ⁵	('ɪnfənɪt)	adj. 無限的
·input ⁴	('ɪn,pʊt)	n. 輸入
‡ink ²	(ɪŋk)	n. 墨水
·inner ³	('ɪnə)	adj. 內部的
insight ⁶	('ɪn,saɪt)	n. 洞察力

36.

·intend ⁴	(ɪn'tɛnd)	v. 打算
intact ⁶	(ɪn'tækt)	adj. 完整的
inherent ⁶	(ɪn'hɪrənt)	adj. 與生俱來的
·introduction ³	(,ɪntrə'dʌkʃən)	n. 介紹
·intonation ⁴	(,ɪnto'neʃən)	n. 語調
·intellectual ⁴	(,ɪntl̩'ɛktʃʊəl)	adj. 智力的
‡interest ¹	('ɪntrɪst)	v. 使感興趣
interval ⁶	('ɪntəvl̩)	n. (時間的) 間隔
inventory ⁶	('ɪnvən,tɔrɪ)	n. 存貨清單

一口氣背 7000 字 ⑯

1.

*__investment__ [4] (ɪn'vɛstmənt) _n._ 投資
__investigator__ [6] (ɪn'vɛstə,getə) _n._ 調查員

*__involve__ [4] (ɪn'vɑlv) _v._ 使牽涉
*__involvement__ [4] (ɪn'vɑlvmənt) _n._ 牽涉

*__itch__ [4] (ɪtʃ) _v. n._ 癢
__issue__ [5] ('ɪʃu , 'ɪʃju) _n._ 議題

__ivy__ [5] ('aɪvɪ) _n._ 常春藤
*__ivory__ [3] ('aɪvərɪ) _n._ 象牙
*__isolation__ [4] (,aɪsḷ'eʃən) _n._ 隔離

2.

‡__jazz__ [2] (dʒæz) _n._ 爵士樂
*__jar__ [3] (dʒɑr) _n._ 廣口瓶
__jaywalk__ [5] ('dʒe,wɔk) _v._ 擅自穿越馬路

‡__keep__ [1] (kip) _v._ 保存
__keeper__ [1] ('kipə) _n._ 看守人
*__keen__ [4] (kin) _adj._ 渴望的

‡__kangaroo__ [3] (,kæŋgə'ru) _n._ 袋鼠
‡__ketchup__ [2] ('kɛtʃəp) _n._ 蕃茄醬
__kernel__ [6] ('kɜnḷ) _n._ 核心

3.

·**label** [3]	('lebḷ)	n. 標籤
lame [5]	(lem)	adj. 跛的
lament [6]	(lə'mɛnt)	v. 哀悼

·**lace** [3]	(les)	n. 蕾絲
laser [5]	('lezɚ)	n. 雷射
layer [5]	('leɚ)	n. 層

‡**large** [1]	(lardʒ)	adj. 大的
·**largely** [4]	('lardʒlɪ)	adv. 大部分
lava [6]	('lavə , 'lævə)	n. 岩漿

4.

‡**learn** [1]	(lɜn)	v. 學習
·**learned** [4]	('lɜnɪd)	adj. 有學問的
learning [4]	('lɜnɪŋ)	n. 學問

‡**leave** [1]	(liv)	v. 離開
·**leap** [3]	(lip)	v. 跳
·**lean** [4]	(lin)	v. 倚靠

·**leather** [3]	('lɛðɚ)	n. 皮革
·**lecture** [4]	('lɛktʃɚ)	n. 演講
·**lecturer** [4]	('lɛktʃərɚ)	n. 講師

5.

*length²	(lɛŋθ)	n. 長度
*lengthen³	('lɛŋθən)	v. 加長
lengthy⁶	('lɛŋθɪ)	adj. 冗長的
*lens³	(lɛnz)	n. 鏡頭
*lesson¹	('lɛsn̩)	n. 課
**lessen⁵	('lɛsn̩)	v. 減少
**lie¹	(laɪ)	v. 說謊
*liar³	('laɪɚ)	n. 說謊者
liable⁶	('laɪəbl̩)	adj. 應負責的

6.

limp⁵	(lɪmp)	v. 跛行
*limb³	(lɪm)	n. 四肢
*liberal³	('lɪbərəl)	adj. 開明的
**line¹	(laɪn)	n. 線
liner⁶	('laɪnɚ)	n. 客輪
lime⁵	(laɪm)	n. 石灰
*liver³	('lɪvɚ)	n. 肝臟
*lively³	('laɪvlɪ)	adj. 活潑的
livestock⁵	('laɪv,stɑk)	n. 家畜

7.

*loan⁴	﹝lon﹞	*n.*	貸款
*loaf²	﹝lof﹞	*n.*	一條(麵包)
lofty⁵	﹝'lɔftɪ﹞	*adj.*	崇高的
*log²	﹝lɔg﹞	*n.*	圓木
logo⁵	﹝'lɔgo﹞	*n.*	商標圖案
*lord³	﹝lɔrd﹞	*n.*	君主
lump⁵	﹝lʌmp﹞	*n.*	塊
lumber⁵	﹝'lʌmbɚ﹞	*n.*	木材
lyric⁶	﹝'lɪrɪk﹞	*adj.*	抒情的

8.

*manual⁴	﹝'mænjuəl﹞	*n.*	手冊
*manufacture⁴	﹝͵mænjə'fæktʃɚ﹞	*v.*	製造
*manufacturer⁴	﹝͵mænjə'fæktʃərɚ﹞	*n.*	製造業者
mansion⁵	﹝'mænʃən﹞	*n.*	豪宅
manuscript⁶	﹝'mænjə͵skrɪpt﹞	*n.*	手稿
mechanism⁶	﹝'mɛkə͵nɪzəm﹞	*n.*	機械裝置
*mere⁴	﹝mɪr﹞	*adj.*	僅僅
merge⁶	﹝mɝdʒ﹞	*v.*	合併
metropolitan⁶	﹝͵mɛtrə'pɑlətn̩﹞	*adj.*	大都市的

9.

mimic⁶	('mɪmɪk)	v. 模仿
miller⁶	('mɪlɚ)	n. 磨坊主人
militant⁶	('mɪlətənt)	adj. 好戰的

*mineral⁴	('mɪnərəl)	n. 礦物
mingle⁵	('mɪŋgl̩)	v. 混合
mint⁵	(mɪnt)	n. 薄荷

moan⁵	(mon)	v. 呻吟
motto⁶	('mɑto)	n. 座右銘
mound⁵	(maʊnd)	n. 土堆

10.

nanny³	('nænɪ)	n. 保姆
*nasty⁵	('næstɪ)	adj. 令人作嘔的
*namely⁴	('nemlɪ)	adv. 也就是說

*naked²	('nekɪd)	adj. 赤裸的
*native³	('netɪv)	adj. 本地的
naive⁵	(nɑ'iv)	adj. 天眞的

*nonsense⁴	('nɑnsɛns)	n. 胡說
nonetheless⁵	(,nʌnðə'lɛs)	adv. 儘管如此
nonviolent⁵	(nɑn'vaɪələnt)	adj. 非暴力的

11.

oar 5	〔 or 〕	n. 槳
oasis 5	〔 o'esɪs 〕	n. 綠洲
***odd** 3	〔 ɑd 〕	adj. 古怪的
odds 5	〔 ɑdz 〕	n. pl. 獲勝的可能性
odor 5	〔 'odɚ 〕	n. 氣味
***orbit** 4	〔 'ɔrbɪt 〕	n. 軌道
ordeal 6	〔 ɔr'dil 〕	n. 痛苦的經驗
orchard 5	〔 'ɔrtʃəd 〕	n. 果園
***orchestra** 4	〔 'ɔrkɪstrə 〕	n. 管絃樂團

12.

***pattern** 2	〔 'pætən 〕	n. 模式
patent 5	〔 'pætn̩t 〕	n. 專利權
patrol 5	〔 pə'trol 〕	v. n. 巡邏
***pepper** 2	〔 'pɛpɚ 〕	n. 胡椒
***pebble** 4	〔 'pɛbl̩ 〕	n. 小圓石
peddle 6	〔 'pɛdl̩ 〕	v. 沿街叫賣
peg 5	〔 pɛg 〕	n. 掛鉤
peck 5	〔 pɛk 〕	v. 啄食
***peculiar** 4	〔 pɪ'kjuljə 〕	adj. 獨特的

13.

*peak ³	(pik)	*n.*	山頂
peek ⁵	(pik)	*v.*	偷看
*peel ³	(pil)	*v.*	剝 (皮)
*peer ⁴	(pɪr)	*n.*	同儕
*penny ³	('pɛnɪ)	*n.*	一分硬幣
pension ⁶	('pɛnʃən)	*n.*	退休金
persevere ⁶	(ˌpɝsə'vɪr)	*v.*	堅忍
perseverance⁶	(ˌpɝsə'vɪrəns)	*n.*	毅力
perspective⁶	(pə'spɛktɪv)	*n.*	正確的眼光

14.

pessimism ⁵	('pɛsəˌmɪzəm)	*n.*	悲觀
*pessimistic ⁴	(ˌpɛsə'mɪstɪk)	*adj.*	悲觀的
‡piece ¹	(pis)	*n.*	片
pierce ⁶	(pɪrs)	*v.*	刺穿
*plain ²	(plen)	*adj.*	平凡的
*planet ²	('plænɪt)	*n.*	行星
plague ⁵	(pleg)	*n.*	瘟疫
*plot ⁴	(plɑt)	*n.*	情節
plow ⁵	(plaʊ)	*n.*	犁

15.

‡**pork** 2	〔 pork 〕	n.	豬肉
poke 5	〔 pok 〕	v.	刺
***polish** 4	〔 'palɪʃ 〕	v.	擦亮
***pole** 3	〔 pol 〕	n.	(南、北)極
polar 5	〔 'polə 〕	adj.	極地的
***poll** 3	〔 pol 〕	n.	民意調查
porch 5	〔 portʃ 〕	n.	門廊
poach 6	〔 potʃ 〕	v.	偷獵
poacher 6	〔 'potʃə 〕	n.	偷獵者

16.

precaution 5	〔 prɪ'kɔʃən 〕	n.	預防措施
precision 6	〔 prɪ'sɪʒən 〕	n.	精確
premier 6	〔 prɪ'mɪr 〕	n.	首相
***pretend** 3	〔 prɪ'tɛnd 〕	v.	假裝
presume 6	〔 prɪ'zum 〕	v.	假定
prevail 5	〔 prɪ'vel 〕	v.	普及
preview 5	〔 'pri,vju 〕	v.	預習
***previous** 3	〔 'priviəs 〕	adj.	先前的
‡**priest** 3	〔 prist 〕	n.	神職人員

17.

proud [2]	(praʊd)	*adj.* 驕傲的
profound [6]	(prə'faʊnd)	*adj.* 深奧的
prowl [6]	(praʊl)	*v.* 徘徊
prune [5]	(prun)	*v.* 修剪
prove [1]	(pruv)	*v.* 證明
proverb [4]	('prɑvɝb)	*n.* 諺語
purse [2]	(pɝs)	*n.* 錢包
pursue [3]	(pɚ'su)	*v.* 追求
pursuit [4]	(pɚ'sut)	*n.* 追求

18.

rank [3]	(ræŋk)	*n.* 階級
rack [5]	(ræk)	*n.* 架子
raft [6]	(ræft)	*n.* 木筏
rally [5]	('ræli)	*v.* 召集
range [2]	(rendʒ)	*n.* 範圍
ravage [6]	('rævɪdʒ)	*v.* 毀壞
reap [5]	(rip)	*v.* 收割
reef [5]	(rif)	*n.* 礁
reel [5]	(ril)	*v.* 捲

19.

realm [5]	〔 rɛlm 〕	*n.* 領域
reckless [5]	〔'rɛklıs 〕	*adj.* 魯莽的
relevant [6]	〔'rɛləvənt 〕	*adj.* 有關連的
relic [5]	〔'rɛlık 〕	*n.* 遺跡
*rescue** [4]	〔'rɛskju 〕	*v. n.* 拯救
render [6]	〔'rɛndɚ 〕	*v.* 使變成
*regard** [2]	〔 rı'gard 〕	*v.* 認為
*regarding** [4]	〔 rı'gardıŋ 〕	*prep.* 關於
regardless [6]	〔 rı'gardlıs 〕	*adj.* 不顧慮的

20.

*renew** [3]	〔 rı'nju 〕	*v.* 更新
renowned [6]	〔 rı'naʊnd 〕	*adj.* 有名的
*reluctant** [4]	〔 rı'lʌktənt 〕	*adj.* 不情願的
resort [5]	〔 rı'zɔrt 〕	*n.* 渡假勝地
*resource** [3]	〔 rı'sors 〕	*n.* 資源
reproduce [5]	〔,riprə'djus 〕	*v.* 繁殖
riot [6]	〔'raıət 〕	*n.* 暴動
rifle [5]	〔'raıfḷ 〕	*n.* 來福槍
rivalry [6]	〔'raıvḷrı 〕	*n.* 競爭

21.

rigid [5]	('rɪdʒɪd)	*adj.* 嚴格的
rigorous [6]	('rɪgərəs)	*adj.* 嚴格的
‡**ring** [1]	(rɪŋ)	*n.* 戒指
rim [5]	(rɪm)	*n.* 邊緣
roam [5]	(rom)	*v.* 漫步
***roar** [3]	(ror)	*v.* 吼叫
***roast** [3]	(rost)	*v.* 烤
robin [5]	('rɑbɪn)	*n.* 知更鳥
rod [5]	(rɑd)	*n.* 棍子

22.

***scale** [3]	(skel)	*n.* 規模
***scarcely** [4]	('skɛrslɪ)	*adv.* 幾乎不
***scatter** [3]	('skætə)	*v.* 散播
***scold** [4]	(skold)	*v.* 責罵
‡**scorn** [5]	(skɔrn)	*v.* 輕視
***scout** [3]	(skaut)	*v.* 偵察
scope [6]	(skop)	*n.* 範圍
scrape [5]	(skrep)	*n.* 擦傷
***scoop** [3]	(skup)	*v.* 舀取

23.

*scream [3]	(skrim)	v. 尖叫
‡screen [2]	(skrin)	n. 螢幕
scroll [5]	(skrol)	n. 卷軸
segment [5]	('sɛgmənt)	n. 部分
seminar [6]	('sɛmə,nɑr)	n. 研討會
senator [6]	('sɛnətɚ)	n. 參議員
series [5]	('sɪrɪz)	n. 一連串
sequence [6]	('sikwəns)	n. 連續
seduce [6]	(sɪ'djus)	v. 勾引

24.

serving [6]	('sɝvɪŋ)	n. 一人份
sermon [5]	('sɝmən)	n. 說教
sergeant [5]	('sɑrdʒənt)	n. 士官
‡sentence [1]	('sɛntəns)	n. 句子
sensation [5]	(sɛn'seʃən)	n. 轟動
session [6]	('sɛʃən)	n. 開會
*sew [3]	(so)	v. 縫紉
sewer [6]	('soɚ)	n. 裁縫師
*severe [4]	(sə'vɪr)	adj. 嚴格的

25.

‡‡**sheep**¹	〔 ʃip 〕	*n.* 綿羊
‡**sheet**¹	〔 ʃit 〕	*n.* 床單
sheer⁶	〔 ʃɪr 〕	*adj.* 全然的
shed⁶	〔 ʃɛd 〕	*v.* 流（淚）
sheriff⁵	〔'ʃɛrɪf 〕	*n.* 警長
•**shepherd**³	〔'ʃɛpəd 〕	*n.* 牧羊人
shield⁵	〔 ʃild 〕	*n.* 保護物
•**shift**⁴	〔 ʃɪft 〕	*v.* 改變
shiver⁵	〔'ʃɪvə 〕	*v.* 發抖

26.

‡‡**shop**¹	〔 ʃɑp 〕	*n.* 商店
shoplift⁶	〔'ʃɑp,lɪft 〕	*v.* 順手牽羊
•**shriek**⁵	〔 ʃrik 〕	*v.* 尖叫
shrink³	〔 ʃrɪŋk 〕	*v.* 縮水
shrine⁵	〔 ʃraɪn 〕	*n.* 聖殿
shred⁵	〔 ʃrɛd 〕	*n.* 碎片
shrewd⁶	〔 ʃrud 〕	*adj.* 聰明的
shrub⁵	〔 ʃrʌb 〕	*n.* 灌木
•**shrug**⁴	〔 ʃrʌg 〕	*v.* 聳（肩）

27.

shun [6]	〔 ʃʌn 〕	v.	避開
shudder [5]	〔'ʃʌdɚ 〕	v.	發抖
*sigh [3]	〔 saɪ 〕	n. v.	嘆息
siren [6]	〔'saɪrən 〕	n.	警報器
simultaneous [6]	〔ˌsaɪml'tenɪəs 〕	adj.	同時的
*sip [3]	〔 sɪp 〕	n.	啜飲
*skip [3]	〔 skɪp 〕	v.	跳過
slam [5]	〔 slæm 〕	v.	猛然關上
slang [6]	〔 slæŋ 〕	n.	俚語

28.

slap [5]	〔 slæp 〕	v.	打…耳光
slash [6]	〔 slæʃ 〕	v.	鞭打
slaughter [5]	〔'slɔtɚ 〕	n.	屠殺
*slim [2]	〔 slɪm 〕	adj.	苗條的
slum [6]	〔 slʌm 〕	n.	貧民區
slump [5]	〔 slʌmp 〕	v.	突然倒下
*smog [4]	〔 smɑg 〕	n.	煙霧
smother [6]	〔'smʌðɚ 〕	v.	悶死
smuggle [6]	〔'smʌgl̩ 〕	v.	走私

29.

snatch [5]	(snætʃ)	v.	搶奪
snare [6]	(snɛr)	n.	陷阱
snarl [5]	(snarl)	v.	咆哮
snore [5]	(snor)	v.	打呼
snort [5]	(snɔrt)	v.	噴鼻息
·sob [4]	(sab)	v.	啜泣
sober [5]	('sobɚ)	adj.	清醒的
sovereign [5]	('savrɪn)	n.	統治者
sovereignty [6]	('savrɪntɪ)	n.	統治權

30.

·spite [3]	(spaɪt)	n.	惡意
spike [6]	(spaɪk)	n.	大釘
spiral [6]	('spaɪrəl)	adj.	螺旋的
·stage [2]	(stedʒ)	n.	舞台
stagger [5]	('stægɚ)	v.	蹣跚
stammer [6]	('stæmɚ)	n. v.	口吃
stale [3]	(stel)	adj.	不新鮮的
stall [5]	(stɔl)	v.	(使)不動
stalk [5,6]	(stɔk)	n.	(植物的)莖

31.

stain [5]	(sten)	v.	弄髒
sustain [5]	(sə'sten)	v.	維持
strain [5]	(stren)	v.	拉緊
strait [5]	(stret)	n.	海峽
stout [5]	(staut)	adj.	粗壯的
stunt [6]	(stʌnt)	n.	特技
spur [5]	(spɝ)	n.	激勵
*stir [3]	(stɝ)	v.	攪動
sturdy [5]	('stɝdɪ)	adj.	健壯的

32.

subtle [6]	('sʌtḷ)	adj.	微妙的
*suburbs [3]	('sʌbɝbz)	n. pl.	郊區
subsequent [6]	('sʌbsɪ,kwɛnt)	adj.	隨後的
submit [5]	(səb'mɪt)	v.	提出
*subtract [2]	(səb'trækt)	v.	減掉
subordinate [6]	(sə'bɔrdṇɪt)	adj.	下級的
swap [6]	(swap)	v.	交換
swamp [5]	(swamp)	n.	沼澤
swarm [5]	(swɔrm)	n.	(昆蟲)群

33.

*tame ³	(tem)	*adj.*	溫馴的
taunt ⁵	(tɔnt)	*v.*	嘲弄
tavern ⁵	('tævɚn)	*n.*	酒館
*tease ³	(tiz)	*v.*	嘲弄
tedious ⁶	('tidɪəs)	*adj.*	乏味的
throb ⁶	(θrɑb)	*v.*	陣陣跳動
thrust ⁵	(θrʌst)	*v.*	刺
*timber ³	('tɪmbɚ)	*n.*	木材
*timid ⁴	('tɪmɪd)	*adj.*	膽小的

34.

trauma ⁶	('trɔmə)	*n.*	心靈的創傷
tremor ⁶	('trɛmɚ)	*n.*	微震
trek ⁶	(trɛk)	*v.*	艱苦跋涉
trench ⁵	(trɛntʃ)	*n.*	壕溝
trespass ⁶	('trɛspəs)	*v.*	侵入
trim ⁵	(trɪm)	*v.*	修剪
trigger ⁶	('trɪgɚ)	*v.*	引發
tyranny ⁶	('tɪrənɪ)	*n.*	暴政
tyrant ⁵	('taɪrənt)	*n.*	暴君

35.

ultimate 6	('ʌltəmɪt)	*adj.*	最終的
umpire 5	('ʌmpaɪr)	*n.*	裁判
undo 6	(ʌn'du)	*v.*	使恢復原狀
uncover 6	(ʌn'kʌvɚ)	*v.*	揭露
unfold 6	(ʌn'fold)	*v.*	展開
‡**unique** 4	(ju'nik)	*adj.*	獨特的
unanimous 6	(ju'nænəməs)	*adj.*	全體一致的
utter 5	('ʌtɚ)	*adj.*	完全的
usher 6	('ʌʃɚ)	*n.*	接待員

36.

***vain** 4	(ven)	*adj.*	徒勞無功的
vein 5	(ven)	*n.*	靜脈
veil 5	(vel)	*n.*	面紗
vague 5	(veg)	*adj.*	模糊的
vogue 6	(vog)	*n.*	流行
***vow** 5	(vau)	*n.*	誓言
***vowel** 4	('vauəl)	*n.*	母音
vulgar 6	('vʌlgɚ)	*adj.*	粗俗的
vulnerable 6	('vʌlnərəbl̩)	*adj.*	易受傷害的